महाभारत रिसता है

महाभारत रिसता है

डॉ. सत्यभामा

प्रभात
प्रकाशन

इस कहानी-संग्रह की सभी

कहानियाँ, स्थान, घटनाएँ व पात्रों के नाम काल्पनिक हैं।

यदि जीवित या मृत पात्र का नाम या घटना किसी को

अपनी या अपनों से संबंधित लगे तो उसे एक संयोग ही समझें।

'महाभारत रिसता है'

मात्र एक साहित्यिक रचना है।

प्रकाशक • **प्रभात प्रकाशन प्रा. लि.**
4/19 आसफ अली रोड,
नई दिल्ली-110002

संस्करण • प्रथम, 2022
मूल्य • तीन सौ रुपए
मुद्रक • आर-टेक ऑफसेट प्रिंटर्स, दिल्ली

MAHABHARAT RISTA HAI *stories* by Dr. Stayabhama ₹ 300.00
Published by Prabhat Prakashan Pvt. Ltd., 4/19 Asaf Ali Road, New Delhi-2
e-mail: prabhatbooks@gmail.com ISBN 978-93-5562-024-8

स्वर्गीय माता-पिता
को
सादर समर्पित।
नमन।

कुछ शब्द

'महाभारत रिसता है' कहानी-संग्रह में पच्चीस कहानियाँ संगृहीत हैं। महर्षि वेदव्यास की यह रचना समयातीत है। बचपन से ही मैंने 'महाभारत' को सुना, पढ़ा, देखा व समयानुसार कुछ-न-कुछ समझा भी है। ज्यों-ज्यों मैं बड़ी हुई, मुझे ऐसा लगने लगा जैसे बाल-चेतना में रचा-बसा महाभारत प्रत्येक घर में समाज के हर वर्ग में किसी-न-किसी हद तक हर रोज घटित होता है। अतीत कभी दफन नहीं होता, वह किसी-न-किसी रूप में जिंदगी में बरकरार रहता है।

इस संग्रह के कहानी पात्र व परिवेश मैंने अपने आसपास बिखरा पड़ा देखा, पुनर्जीवित होते देखा, परंतु स्त्री पात्रों की कहानी पुरुषों के बिना अधूरी सी लगती है। वास्तव में पुरुष के बिना स्त्री व स्त्री के बिना पुरुष को आँकना असंभव सा लगता है। स्त्री के मूल में पुरुष है। संबंध चाहे कोई भी हो, इन कहानियों में स्थान बदलते रिश्तों का दर्द, छटपटाहट, विवशता, विसंगतियाँ, विषमताएँ और विरूपताओं को दरशाया गया है। सामाजिक वर्जनाओं की सीमाओं में बँधा अकेलापन, अभिमन्युत्व व रविवारियता से उपजी अतलांतिक पीड़ा को झेलती औरतों के जीवन को शब्दबद्ध किया गया है। कुछ ऐसी स्थितियाँ पैदा हो गई हैं, जहाँ पर ठीक या गलत का निर्णय करना ही बेमानी सा लगता है।

इन कहानियों का प्रवेश ऐसे परिवेश या ऐसे झरोखों से हुआ, जहाँ मैंने स्वयं ताक-झाँक की या उन पात्रों से बात करके उनकी पीड़ा की गहराई

तक जाने या महसूस करने का प्रयास किया। इन्हें देखने की दृष्टि मेरी थी, पर दृष्टिकोण मेरे पुत्र तुषार का। कहानियाँ केवल साहित्य ही नहीं, किसी का जिया हुआ यथार्थ भी हैं। इस संग्रह की कुछ कहानियाँ डॉ. वीरेंद्र मेहंदीरत्ता की कहानी 'एक द्रौपदी और' के वर्ग की है और कुछ देहाती किसानी वर्ग विशेष से संबंधित हैं। आज भी द्रौपदियों का अपमान होता है, अभिमन्युओं का वध होता है और किन्ही कारणों से कुंती कर्णों को नदी-नालों में बहाने के लिए विवश हो जाती हैं। जर्मन दार्शनिक नीत्से ने कहा था, "वे मुझे समझ नहीं पाते, मैं इन कानों को सुनानेवाला मुँह नहीं हूँ।" निस्संदेह स्त्री न अपनी पीड़ा को कहनेवाला 'मुँह' बन सकी और न पुरुष सुननेवाले 'कान'।

कथ्य की संप्रेषणीयता के लिए जिस भाषा का प्रयोग किया गया है, वास्तव में वह भाषा अधिकार की भाषा नहीं है, अस्तित्व की भाषा है। सीखने की भाषा नहीं, नि:शेष होने की भाषा है। जानने की भाषा नहीं, जीने की भाषा है। बरबस कठिन व दु:खद शब्दों का प्रयोग कहीं नहीं किया गया है। साहित्यिक शब्दकोशीय शब्दावली को जानने की अपेक्षा में प्रचलित भाषा व शब्दों के माध्यम से उसी वर्ग में रहनेवाले स्त्री पात्रों के मन की कुंठाओं व द्वंद्वों से उबरकर अपने होने का अहसास के संक्षिप्त अर्थ को वहन करनेवाली भाषा का प्रयोग उचित समझा गया है। बहुत से स्थानों पर वर्ग-विशेष में प्रचलित मुहावरों व लोकोक्तियों का प्रयोग भी किया गया है। भाषा को सीखने की व्याकरण नहीं, बल्कि सीखने के बाद घुटन भरी विपरीत परिस्थितियों में गतिशील स्त्री-मन की शेष स्मृतियों में बचे-खुचे व्याकरणिक नियमों का ही पालन किया गया है। महाभारत काल से रिसती हुई स्त्री-मन की जिस पीड़ा की मैं बात करना चाहती हूँ, वह अवश्य ही पाठक-वर्ग तक पहुँच जाएगी—ऐसा मेरा विश्वास है। बात उतनी ही लिखी गई है, जितनी आवश्यक थी। सभी कहानियों में अनावश्यक विस्तार से बचा गया है। लगता रहा कि यदि कम शब्दों में बात समझा दी जाए तो अच्छा है। वैसे सुधि पाठक-वर्ग का सुझाव व निर्णय सिर-आँखों पर। कहानियाँ जैसी भी लगें, मुझे निस्संकोच होकर बताएँ अवश्य।

अब रही बात आभार-व्यक्त करने या धन्यवाद ज्ञापित करने की, जो सच में मुझे आता नहीं। मुझमें पढ़ने का ऐब है। सर्वप्रथम मैं साहित्यिक पुस्तकों के लेखकों व अपने साहित्यिक दोस्तों का धन्यवाद करती हूँ, जिन्होंने मुझे अपने में न केवल शामिल ही किया, बल्कि कहानियों को उचित प्रारूप देने के लिए बरबस मुझसे बार-बार लिखवाईं भी। शिल्प भी दृष्टि से नए सिरे से सोचने के लिए विवश किया। रचना-प्रक्रिया में बहुत सारे मित्रों, संपादकों अग्रजों से मिला, आशीर्वाद, आलोचना और अपनापन मेरी पूँजी व धरोहर भी है। मैं नाम गिनाकर छूट गए नामों के लिए शर्मिंदा नहीं होना चाहती। ···सभी का आभार। पांडुलिपि में संशोधन मदद, सलाह और टीका-टिप्पणी यदि मुझे न मिलती तो शायद ये कहानियाँ किसी कोने में पड़ी-पड़ी ही दम तोड़ देतीं। अपनी बात कहूँ तो इस कहानी-संग्रह को बाहरी व भीतरी प्रारूप देने का श्रेय मेरे सुपुत्र तुषार को है। एक दृष्टिकोण को निष्कर्ष तक ले जाना, संपादन, प्रूफ-रीडिंग, छायांकन, चित्रांकन व आवरण तक का सारा काम उसी कलाकार का है। इस विश्वास का हकदार भी वही है। इसी संप्रेषणीय के मोह में या कहिए, जो वर्ग हिंदी नहीं जानता, उन तक इन कहानियों में निहित पीड़ा से उभरे प्रश्नों को पहुँचाने के लिए इस कहानी-संग्रह का अनुवाद अंग्रेजी भाषा में भी हो रहा है। पंजाबी के जाने-माने साहित्यकार व अनुवादक सुभाष भास्करजी ने भी कुछ कहानियों का अनुवाद पंजाबी में किया व श्रेष्ठ कहानी-संग्रह में स्थान दिया। अंग्रेजी अंतरराष्ट्रीय भाषा है और हिंदी राष्ट्रीय भाषा। परंतु भाषा कोई भी हो, वर्ग या परिवेश कुछ भी हो—स्त्री-मन की पीड़ा तो साझी है। भाषा तो सिर्फ कहने या लिखने का माध्यम है।

शुक्रिया दोस्तो। गुरुदेव श्री वीरेंद्र मेंहदीरत्ताजी का आशीर्वाद तो मेरे साथ हमेशा से है ही। इस बात का मुझे अभिमान है। प्रणाम सर!

—डॉ. सत्यभामा

महाभारत रिसता है

महाभारत का मुखर मौन

रिसना प्रवाह नहीं है, उसमें वेग नहीं होता, गतिशीलता नहीं होती, बहने का शोर नहीं होता। रिसना बहुत धीमा होता है, प्रायः गतिहीन और मौन। इसलिए जब महाभारत सदियों पहले हुआ, तब वह प्रवाहित था, लेकिन आज इक्कीसवीं सदी में वह रिसता है। इस बीच प्रसंग इतिहास बन गए, घटनाओं ने अतीत के परिधान पहन लिये, समय के पात्र में सागर जितना जल समा गया, लेकिन महाभारत के वे पात्र जिन्हें मृत मान लिया गया था, वे वास्तव में जीवित बने रहे, जिन्हें इस सदी की एक लेखनी ने अपने समय के परिवेश में जीवंत कर दिया और इस तरह महाभारत आज के परिदृश्य में, संदर्भों में मुखर हो उठा।

महाभारत का इस तरह मुखरित हो उठना महाभारत का रिसना है, इसलिए कि यह रिसन प्रवाह की तरह वेगवान और गतिशील होकर शोर नहीं मचाती, बल्कि स्याही से हौले से रिसती है और शब्दों के मुखरित मौन में समाकर आज के यथार्थ को रच देती है।

सत्यभामाजी की इस संग्रह की कहानियाँ आज के कुरुक्षेत्र और हस्तिनापुर में जीते पात्रों की वे कहानियाँ हैं, जिनमें द्रौपदी और कुंती तथा माद्री से लेकर हिडिंबा और अंबा जहाँ एक ओर हैं तो वहीं दूसरी ओर पांडु, परीक्षित, कर्ण, घटोत्कच और अभिमन्यु भी हैं। ये सब कहीं रजनी हैं, रश्मि हैं तो कहीं मोहन, भीता और परसू। लगता है, महाभारत थमी नहीं। महाभारत

के अठारह दिनों की धड़कनें तो आज के परिवेश की धड़कनें हैं। महाभारत का अभिशप्त अश्वत्थामा अमर होकर हमारे समय के विसंगत सच के रूप में मौजूद है और आज भी द्रौपदी की लज्जा को बचा लेने के उद्यम की तलाश में हम हैं। ये कहानियाँ निश्चय ही आज की कहानी के परिदृश्य को बदलने के लिए मौलिक भंगिमाएँ प्रदान करती हैं और आज के तथाकथित स्त्री–विमर्श को चुनौती देती हुई उसे सार्थक दिशा देती हैं। इन कहानियों का शिल्प गठा हुआ तो है ही, वह संप्रेषण के स्तर पर भी पूरी तरह सफल है और पाठक की संवेदना से कथ्य एकात्म होता है। शिल्प की इस विशिष्टता का कारण इसकी भाषा है, जिसके बारे में स्वयं लेखिका कहती हैं, "वह भाषा अधिकार की भाषा नहीं है, अस्तित्व की भाषा है। जानने की भाषा नहीं, जीने की भाषा है।"

संग्रह की इन पच्चीस कहानियों को लेकर बहुत विस्तार से इसलिए चर्चा की जा सकती है, क्योंकि महाभारत अपने आप में समय का नहीं, जीवन का सार है और ये कहानियाँ जीवन के इसी सार की अभिव्यक्ति की वे कहानियाँ हैं, जो आज के महाभारत के माध्यम से अतीत के महाभारत से हमें जोड़कर स्मृति को आज के समय में बदल देती हैं और अतीत वर्तमान के परिधान ओढ़कर आँखों के मंच पर खड़ा हो जाता है।

अतीत के वर्तमान में इस रूपांतरण को सजीव बनाते हैं महाभारत के विभिन्न पर्वों के श्लोक और प्राणवान रेखांकन, जिन्हें तुषार ने बड़े परिश्रम से अपनी विलक्षण कल्पनाशीलता के साथ बनाया है।

सत्यभामाजी की ये कहानियाँ वास्तव में गद्य के रूप में अपने समकालीन यथार्थ की संवेदना के मर्म को अभिव्यक्त करनेवाली कविताएँ हैं, क्योंकि कविता सच्ची कहानी ही होती है, उस फूल की तरह, जो फूलता तो एक छोटे से वृंत पर है, लेकिन जिसके कारण पूरे पेड़ की पहचान बनती है।

ये पच्चीस कहानियाँ ऐसे ही वे पच्चीस फूल हैं, जो पच्चीस पेड़ों की नहीं, अपितु कहानी संसार के एक सुरभित उपवन की पहचान को रचती हैं।

मैं हृदय से अपने समय के यथार्थ के सौरभ से भरपूर उपवन और आँखों के मंच पर खड़े उस अतीत का अभिनंदन करता हूँ, जिसने वर्तमान के परिधानों को ओढ़कर महाभारत को जीवंत कर दिया है।

—नर्मदा प्रसाद उपाध्याय

समय की संवेदनाओं और चुनौतियों से रूबरू करवाती कहानियाँ

डॉ. सत्यभामाजी को मैंने अब तक एक कवयित्री के रूप में जाना था। उनकी कविताओं ने अपनी सरलता-तरलता एवं सहज संवेदना के बल पर मुझे भीतर तक छुआ था। कविता केवल युग-साहित्य की तथाकथित 'मुख्यधारा' का ही अनुसरण करती रहें, ऐसा भी जरूरी नहीं। ऐसे साहित्यिक परिवेश में डॉ. सत्यभामा की कविताएँ भाव, भाषा और अभिव्यक्ति के स्तरों पर अपनी पृथक् पहचान करवाने में सक्षम हैं। कविता अथवा कहानी का काम सिर्फ रसरंजन या मनोरंजन नहीं। इनकी अभिव्यक्ति एक नई ऊर्जा का स्रोत है। अगर ऊर्जा भरने का कार्य धर्म कर सकता है तो कविता और कहानी में इस धर्म को करने की क्षमता और भी ज्यादा है। कविता और कहानी व्यक्ति के अंदर के अहंकार को खत्म करती है। डॉ. सत्यभामा के व्यक्तित्व व कृतित्व पर दृष्टिपात करता हूँ तो मुझे इन्हीं भावों का आभास होता है।

डॉ. सत्यभामा की कहानियों पर दृष्टिपात करने से पहले मुझे जैनेंद्र कुमार का यह वक्तव्य याद आ रहा है—कहानी तो एक भूख है, जो निरंतर समाधान पाने की खोज करती रहती है। हमारे अपने सवाल होते हैं, शंकाएँ होती हैं, चिंताएँ होती हैं और हमीं उनका उत्तर, उनका समाधान खोजने का, पाने का सतत प्रयास करते हैं। हमारे प्रयोग होते रहते हैं, उदाहरणों और मिसालों की खोज होती रहती है। कहानी उसी खोज के प्रयत्न का एक उदाहरण है।

डॉ. सत्यभामा के इस प्रथम कहानी-संग्रह 'महाभारत रिसता है' की सभी कहानियाँ संवेदनाओं, संगतियों-विसंगतियों और चुनौतियों से रूबरू करवाती चलती हैं। समय की वास्तविकताओं, अंतर्विरोधों, जटिलताओं और विडंबनाओं को अभिव्यक्त करने में पूरी तरह से सक्षम हैं। कहानियों का उद्देश्य, उनकी पठनीयता, रोचकता, पाठक के भीतर एक विश्वास, विनम्रता, विवेक, विशुद्धता व विरासत के भाव जगाती हैं। यहीं से हमारे व्यक्तित्व का निर्माण होता है। यही हमारे संस्कारों की दौलत है। ये सभी अहसास डॉ. सत्यभामा की कहानियों से मिलते हैं। ग्रामीण परिवेश की अनावरण, ईमानदार अभिव्यक्ति पाठक को एक संतुष्टि, एक आत्मिक सुख प्रदान करती है। इन कहानियों में बहुत से प्रश्न उभरते हैं, जिनके उत्तर व्यक्ति-सापेक्ष हैं। और जब पाठक स्वयं इसका एक हिस्सा बन जाता है, तब यही अहसास उसे एक अनंत तक ले जाते हैं... जहाँ सुख ही सुख है...एक परमसुख! बात केवल कथानक की नहीं, भावों की अभिव्यक्ति की भी है। जिंदगी की सच्चाई को इन कथ्यों से ही मापा जा सकता है। स्त्री-विमर्श की एक सच्ची तसवीर को जिस तरह से इन कहानियों में दरशाया गया है, लेखिका के सशक्त लेखन का यही कमाल है। कहानियों को ज्यादा विस्तार न देते हुए इनके मूल उद्द्देश्य की संपूर्ति हुई है।

कहानी 'अनुत्तरित प्रश्न' हो या फिर 'तलाश जारी है', 'अभिशप्त पांडु', हो या फिर 'विभाजित व्यक्तित्व', लगभग सभी कहानियाँ स्त्री-विमर्श की सीमा को छूती, अद्‍भुत मोड़ देती हुई कहानी को रोचक व पठनीय तथा उद्द्देश्यपूर्ण बनाती चलती हैं, जो पाठक के लिए कहानी का एक विशेष गुण है। कहानी के अंत तक पाठक या आलोचक कहीं भी किसी तरह से विद्रोह की स्थिति में नहीं आता, अपितु लेखक की कलम से उपजी संवेदना से अभिभूत होता हुआ, उससे एकाकार होता चला जाता है।

बधाई व शुभकामनाएँ, डॉ. सत्यभामाजी को इस पुस्तक के लिए। जो भी पाठक इस पुस्तक 'महाभारत रिसता है' को पढ़ेगा, उसकी धरोहर में यह पुस्तक स्वत: ही शामिल हो जाएगी।

—विकेश निझावन

कहानियों का कड़वा सत्य

'साहित्य समाज का दर्पण होता है।' कहानीकार हो अथवा साहित्य की किसी भी विधा का वाहक, उन्हीं घटनाओं को अपनी कहानी के केंद्र में रखता है, जो समाज में किसी भी रूप में घट रही होती हैं। महाभारत कालीन घटनाओं का अथवा पात्रों का चारित्रिक विश्लेषण करें तो बहुत-कुछ वर्तमान में हमें इस परिवेश में घटित होता दिखाई देता है। स्त्री-पुरुष के नैतिक-अनैतिक संबंध, स्त्री की विवशता व पुरुष की मानसिक विकृति के परिचायक तो हैं ही, साथ ही समाज में पनप रही विसंगतियों, विरूपताओं को पनपाने में सहायक भी हैं। यद्यपि स्वस्थ समाज के निर्माण एवं विकास में स्त्री-पुरुष एक-दूसरे के पूरक माने जाते हैं, परंतु निहित स्वार्थों की पूर्ति हेतु कई बार स्त्री ही स्त्री के लिए घातक सिद्ध होती है। लेखिका ने महाभारत कालीन घटनाओं के परिवेश से सामाजिक पतन को उकेरने का प्रयास किया है। भाषा-शैली में मुहावरे और लोकोक्तियों के प्रयोग के साथ उस भाषा-शैली का प्रयोग किया है, जो पाठकों के हृदय में उतरने के साथ उन्हें यर्थाथ के समीप ले जाएगी। पुरुष-स्त्री संबंधों के द्वंद्व में स्त्री परिस्थितियों के कारण सदा ही पराजित होती आई है। अपने कथा-संग्रह के माध्यम से लेखिका ने स्त्री मन की पीड़ा को सहजता से पाठकों के हृदय तक पहुँचाने का सद्प्रयास किया है। 'महाभारत रिसता है' कहानी-संग्रह के लिए हृदय से सुधन्यवाद…।

—कुलदीप शर्मा

महाभारत : एक आंतरिक युद्ध

महाभारत युग-स्वाधीन है। वह आज भी जीवित है, उपस्थित है, अभी यहाँ, हमारे बीच और हमारे माध्यम से। वह रोम-रोम से रिसता है और न जाने कब तक रिसता रहेगा।

डॉ. सत्यभामा का कहानी-संग्रह 'महाभारत रिसता है' में पच्चीस कहानियाँ संकलित हैं।

भले ही इस गद्य-विधा का बाह्य कलेवर काल्पनिक या ओढ़ा हुआ हो, परंतु घटनाएँ या पात्र अनायास ही नहीं जुड़े। वे किसी का सुना, भोगा या देखा हुआ यथार्थ है। ये कहानियाँ मूल रूप से मानवीय भावनाओं और रिश्तों से उत्पन्न सवालों और उनके अनिर्णीयक उत्तरों पर सवार हैं, जिनका न तो गंतव्य 'सही' है और न ही 'गलत'। इस मायने में ये कहानियाँ हर जगह प्रस्तुत हैं, हमारे-आपके सभी के जीवन में···मात्र पात्र अलग हैं। लेखिका का यह कहानी-संग्रह समाज के उस पहलू को देखता है, जिसे हम प्राय: अनदेखा या अनदिखा कर देते हैं···पर शायद वह हमें, निरंतर देखता रहता है। ऐसी कहानियाँ, जिन्हें हम दूर मानते हैं, परंतु जो हमारे पैरों तले एक अंतर्धारा के रूप में बहती रहती हैं···जिनसे हमारी जमीन नम रहती है···जो अन्यथा बहुत कठोर होती।

इस संग्रह की कहानियों को तीन अलग-अलग कोणों से समझा जा सकता है—

पहला है 'सुनना'। दुनिया में सुनना एक दुर्लभ कला होती जा रही है।

यह पुस्तक अनसुना करने के सुगम विकल्प को न चुनने का फैसला है। यह शब्दों के पीछे की आवाजों को, मुसकान के पीछे छिपे दर्द को और मंदिर की दीवारों के कोने पर लगे जालों को महसूस करती है, सुनती है।

दूसरा है 'विचारशील लेखन'। कुछ हवा में तैरते हुए, अदृश्य पात्रों और उनके जीवन पर, जो हमारे चारों ओर मौजूद हैं, लेकिन नहीं भी! प्रत्येक अपने ब्रह्मांड का केंद्र है। प्रत्येक की एक कहानी है। इन पर चिंतन करने का साहस और परवाह लेखिका ने अपने लेखन में बखूबी प्रतिबिंबित किया है। कुछ कहानियों में कई पीढ़ियों के सच को कुछ पन्नों में पिरोया गया है। कहानीकार के न्यायोचित लेखन के कौशल को बधाई।

अंतिम स्तंभ है 'संयोजन'। साधारण कहानियों को असाधारण लेखन से महाकाव्य महाभारत की रोशनी में विचारना और देखने का साहस ही अपने आप में एक पूर्ण सफलता है। महाभारत का चुनाव देखा जाए तो स्पष्ट है, क्योंकि महाभारत जितना बाहरी लड़ाई का अवतरण है, उतना ही आंतरिक युद्ध का। जीवन एक रण है और महाभारत सभी की कहानी। एक कहानी, जो बहुत-कुछ कहती है और फिर भी पर्याप्त से थोड़ा कम। जिसमें जवाबों से अधिक प्रश्न हैं—जीवन, अस्तित्व, मृत्यु, पुनर्जन्म के···परंतु इन सबके वजूद या बावजूद, एक ऐसा ग्रंथ, जिसने हर मानवीय भाव और रिश्ते को छुआ है।

डॉ. सत्यभामा ने वास्तव में एक उत्तम साहित्यिक कृति की रचना की है, जो समय की कसौटी पर खरी उतरेगी। इन कहानियों को दूर मत समझें, क्योंकि सच में···महाभारत रिसता है।

—तुषारांशु शर्मा

अनुक्रम

पुनर्जन्म

हनिष्यसि रणे भीष्मं पुरुषत्वं च लप्स्यसे।
स्मरिष्यसि च तत् सर्वं देहमन्यं गता सती॥ 23॥

तू रणक्षेत्र में भीष्म को अवश्य मारेगी और इसके लिए आवश्यकतानुसार पुरुषत्व भी प्राप्त करेगी। दूसरे शरीर में जाने पर तुझे इन सब बातों का स्मरण भी बना रहेगा॥ 23॥

—सप्ताशीत्यधिकशततमोऽध्यायः, अंबोपाख्यानपर्व
उद्योगपर्व

गाँव से बाहर एक प्राचीन शिव मंदिर था। पहले तो छोटी ईंटों से बना छोटा सा शिवालय था, परंतु जब से इस गाँव की जमीन में बड़ी-बड़ी कोठियाँ बनी हैं, तभी से यह मंदिर भी भव्य बन गया है। रविवार और सोमवार को तो यहाँ बहुत भीड़ होती है। मंदिर से सड़क के दोनों ओर भिखारियों की लाइन लगी थी। उन्हीं में तिपहिया साइकिल पर सवार हट्टा-कट्टा परसू दो-तीन झोले लटकाए खड़ा था। इस जमावड़े को देखकर एक दानी सज्जन कार में से ही हाथ निकालकर परसू को सौ रुपए देकर बोला, "सभी में बाँट देना। टूटे नहीं हैं।"

"अच्छा।" परसू ने धीरे से बोला, ताकि कोई सुन न ले।

फिर क्या था! भिखमँगों का घमासान शुरू हो गया। लाते-घूँसे चलने लगे। छीना-झपटी होने लगी। लँगड़े परसू ने भी अपना डंडा उठा लिया। वह किसी भी हालात में उन रुपयों को सभी में नहीं बाँटना चाहता था। पहले किंकर्तव्यविमूढ़ सी खड़ी रजनी भीड़ की अनिर्णायत्मक स्थिति देखकर कभी विपक्ष की ओर और कभी लाठी बनकर परसू का कवच बनकर पक्ष में आ जाती। सौ का नोट तो परसू के हाथ में आ ही गया है। यदि बाँटेगा तो उसे भी हिस्सा मिलेगा, यदि नहीं बाँटेगा तो भी परसू का सभी कुछ उसी का तो है। वैसे वह टाट बिछाकर परसू से दूर बैठती थी, शायद वह परसू से अपने संबंधों को जगजाहिर नहीं करना चाहती थी।

रजनी लगभग दो वर्ष पहले लँगड़े परसू के संपर्क में आई। शायद प्रयाग के कुंभ में मिले। दोनों भीख माँगकर अपनी क्षुधा शांत करते थे। एक लँगड़ा, परंतु पूर्णता का भाव लिये हुए और दूसरी पूर्ण, परंतु दयनीयता के झीने परदे में स्वयं को ढके हुए। दोनों को एक-दूसरे की नजरों में ऐसा स्वाद मिलने लगा, मानो आँखों में स्वादेंद्रियाँ हों। उनमें कुछ वादे हुए, कुछ संबंध बने व रजनी लँगड़े की लाठी बनकर साथ रहने लगी। ऐसा बिना लिखे-पढ़े, बिना सात भँवरे लिये ही मान्य था।

परसू शराब खूब पीता था। कभी जरूरत पड़ती तो अवसरवादी रवैया भी अपना लिया जाता। पर किसी को किसी से कोई शिकायत नहीं थी। शिकायत

करते भी किससे ? कोई सुननेवाला नहीं था। परसू जन्मजात न ही लँगड़ा था और न ही भीख माँगकर पेट पालता था। परसराम से परसा और फिर परसू तक का सफर बहुत ही रोमांचकारी था। सुना है, हरियाणा के फरीदाबाद जिले का रहनेवाला था। पूरा परिवार किसानी परिवार। इज्जत से कमाकर रोटी खानेवाला। चार भाइयों में सबसे छोटा परसू, पूरा बिगड़ैल। दसवीं भी पास नहीं की। छोटी उम्र में ही किसी काशी कन्या से आँख लड़ा बैठा। पढ़ाई छूट गई या फेल हो गया है—कोई फर्क नहीं पड़ता।

'उधो मन नहीं दस-बीस'—एक मन लड़की में उलझ गया। उसे प्राप्त करने के लिए अपने जैसे गुड्डों का एक ग्रुप तैयार कर लिया। पर जब उसे पाना संभव न हो सका तो भाग गया कहीं दू''र। ट्रक चलाने लगा और वहाँ पर भी ड्राइवरों का सरदार बन बैठा। लेकिन उसकी सरदारी सभी को रास नहीं आई। पक्ष-विपक्ष बन गया और घर से बाहर दूर, दुनिया से बेखबर परसा चौधर के चक्कर में एक टाँग कटा बैठा। वह परसराम से परसा बन बैठा। टाँग कटने के कारण कुछ समय शायद किसी स्थानीय अस्पताल में पड़ा रहा। रोटी का कोई ठौर-ठिकाना तो था नहीं, जा बैठा सड़क किनारे भीख माँगकर अपना कद्दू जैसा बड़ा पेट पालने के लिए। शायद कोई सामाजिक संस्था अपने कारोबार को आसान बनाने के लिए या स्याह को सफेद करने के लिए या कोई और स्वार्थ साधने के लिए एक तिपहिया साइकिल परसू को दे गई। वैसे तो वह पैंतीस-चालीस वर्ष का हृष्ट-पुष्ट जवान था, किसी भी तरह से उसका प्रयोग किया जा सकता था।

कुंभ के मेले में रजनी से मिलने के बाद स्त्री-पुरुष संबंधों की दूसरी पारी आरंभ हुई। वह रजनी में अपना पहला व अधूरा प्यार देखने लगा। रजनी भी उसे पच्चीस-तीस वर्ष की कसी-कसाई लड़की लगने लगी। पहले न सही, पर अब तो ऐसे ही नजर आती थी। दोनों ने आसपास मंदिरों में भीख माँगने के भी दिन बाँट रखे थे। अपनी आमदनी के हिसाब से कभी किसी झुग्गी में तो कभी कोई छोटा कमरा लेकर दोनों खुशी से जीवन व्यतीत कर लेते। भगवान् ने कोई औलाद नहीं दी।

जब बांग्लादेश बना, तभी से परिवार से बिछड़ी हुई रजनी शिखंडी बनकर न जाने कितने जन्मों से भटकती हुई आत्मा थी, जो शायद अपना प्रतिशोध लेने के लिए बार-बार जन्म लेती। माँ-बाप ने दुर्दिनों में कुछ रुपयों के लिए बेच दिया। वहाँ भी उसकी दाल नहीं गली। किसी सेठ साहूकार की नौकरानी बनकर रहना उसके लिए मुश्किल था। वह बंधन स्वीकार नहीं कर सकती थी। वह वहाँ टिक नहीं पाई। नारियल की झुरमुटों के भीतर रंगरलियाँ मनानेवाले गज्जू ने भी कभी खोज-खबर नहीं ली। परिवार छूटा, गज्जू भी छूटा। खरीदार के यहाँ से भाग खड़ी हुई और खो गई दुनिया की भीड़ में। मंदिर की सीढ़ियों ने आश्रय दिया और यहाँ मिला लँगड़ा परसू।

पिछले आठ-दस वर्षों से दोनों इसी इलाके में घूम-फिरकर पेट पाल रहे थे। वहाँ के लोग भी उन्हें जानने लगे थे। वे शरीफों की तरह रहते, माँगकर ही खाते। नंबरदार के मकान के पिछवाड़े झोंपड़ी बना रखी थी। रजनी नंबरदार के पशुओं का गोबर उठा देती, बाड़ा साफ कर देती। रात को कोई पशु रस्सा तुड़वा लेता या कोई कटड़ा-कटड़ी खुलकर चोरी-चोरी अपनी माँ का दूध पीने लगते तो वह उठकर उन्हें बाँध देती। ये सारे काम रजनी ही करती, क्योंकि परसू तो चल-फिर नहीं सकता था। धीरे-धीरे वे झोंपड़ी से कमरे तक आ गए।

एक रात परसू ने पेशाब के लिए उठने का प्रयास किया, लेकिन उठ नहीं पाया। बहुत कोशिश की, परंतु सफल नहीं हुआ। पता चला कि ठीक टाँगवाला हिस्सा सुन्न पड़ गया था। शायद उसे अधरंग हो गया था। अब बेचारी रजनी क्या करे? इतनी बड़ी देह को हिला भी नहीं सकती थी। कमरे के मालिक की सहायता की जरूरत आन पड़ी। लिया गया अहसान तो चुकाना ही पड़ता है, जैसे भी चुकाओ। नहीं तो मालिक भरी बरसात में गलने-सड़ने के लिए कमरे से बाहर निकाल फेंकता। फिर कहाँ जाते? परसू शैया-क्षत से गल रहा था। निस्सहाय व विवश आँखों से कमरे के मालिक व रजनी को देखता रहता। आज भी बरसात में भीगकर अकड़ जानेवाले चमरौधे जूते जैसा चेहरे पर लगभग पचास-पचपन वर्ष की तपती दुपहरियों व ठिठुरती

सर्दियों का इतिहास तो एक अनपढ़ व्यक्ति भी पढ़ सकता है। रजनी अपनी मजबूरी दिखाती रहती। यह अहसान तो परसू भी समझता था। वह नहीं चाहता था कि उसकी सड़ी-गली देह को बाहर कीड़े खा जाएँ।

मालिक ने दौड़-धूप करके उन दोनों की वृद्धा-पेंशन लगवा दी। जन्म प्रमाण-पत्र तो कोई था नहीं। कोई आधार कार्ड भी नहीं था। जब कोई आधार ही नहीं था, तो कार्ड कैसा? इसी पेंशन से कमरे का किराया और रजनी मिल गई थी। परसू पीछे हट गया, छूट गया या मर गया—एक ही बात थी। वह कुछ कर नहीं सका, या करना नहीं चाहता था—इन दो बातों में भी कोई अंतर नहीं था।

रजनी का प्रतिशोध पूरा नहीं हुआ। वह पूरी तरह किसी की नहीं बन पाई। किसी ने उसे पूर्णता से नहीं स्वीकारा। माँ-बाप, गज्जू, खरीदार, परसू व कमरे का मालिक—कौन था उसका? रजनी को अपनी पीड़ा भरी सभा में कहने के लिए उचित शब्द नहीं मिल रहे थे। अपना स्थान पाने के लिए, प्रतिशोध लेने के लिए अभी रजनी को शिखंडी बनकर न जाने कितने जन्म और लेने होंगे! फिर भी लक्ष्य पूरा होगा या नहीं, यह दावे के साथ नहीं कहा जा सकता।

"काशी-कन्या अंबा की प्रतिशोध की ज्वाला, क्या भीष्म पितामह की मृत्यु के साथ शांत हो पाई? या कुछ और पुनर्जन्म अभी बाकी हैं?"

मैं भी कृष्णा

एह्योहि पाञ्चाली जितासि कृष्णे
दुर्योधनं पश्य विमुक्तलज्जा।
कुरून् भजस्वायतपत्रनेत्रे
धर्मेण लब्धासि सभां परैहि ॥ 27 ॥

पांचाली! आओ, आओ, तुम जुए में जीती जा चुकी हो! कृष्णे! अब लज्जा छोड़कर दुर्योधन की ओर देखो। कमल के समान विशाल नेत्रोंवाली द्रौपदी! हमने धर्म के अनुसार तुम्हें प्राप्त किया है, अतः तुम कौरवों की सेवा करो। अभी राजसभा में चली चलो॥ 27॥

—सप्तषष्टितमोऽध्यायः, द्यूतपर्व

सभापर्व

"गीते के बापू, तू खाना तो खा ले, दोपहर ढलने को हो गई और तू सारा दिन चारपाई बिछाकर इस भैयण को देख-देखकर आँखें सेंकता रहता है। पता नहीं क्या खास है इस कृष्णा काली कलूटी में?" विद्या ने लगभग चीखते हुए बेबाक खुरदरे स्वर में आवाज लगाई।

पड़ोसिन कमला के कान खड़े हो गए।

"क्या हुआ विद्या भाभी? क्यों इतने गुस्से में हो?"

"क्या बताऊँ बहन? जब से ही यह कमरा इस भैयण को दिया है, गीते का बापू सारा दिन यहीं बैठा रहता है। चार-चार बार बुलाऊँ, तब कहीं जाकर चाय-पानी पीने के लिए घर आता है। और तो कोई काम-धाम है नहीं। जमीन सारी सरकार ने ले ली और हमने आठ-दस कमरे बाड़े में बनाकर किराए पर चढ़ा दिए। गुजारा चलता है, परंतु गीते का बाप बिल्कुल निठल्ला हो गया। सठिया गया है यह, शर्म भी नहीं आती।" विद्या ने अपने मन की भड़ास निकाली।

साल भर होने को आया, यह भईण पाँच बेटियों और एक साल भर की दोहती को लेकर इस कमरे में पसरी पड़ी है। कमरा भी क्या है, नंगी ईंटों की चार दीवारों के सहारे खड़ी टीन की एक छत। बाहर झाँकने के लिए एक टूटी सी खिड़की और अंदर जाने के लिए जंग लगा लोहे का दरवाजा। और बाहर पड़ोसी की दीवार पर कनस्तर में लगा तुलसी का पौधा, जो अपने घर में कम और दूसरों के घर में अधिक झाँकता है। पानी भी तो उसे सभी देते हैं।

बड़ी बेटी सुबह ही सज-धजकर ब्यूटी पार्लर जाती है। लोग तो कुछ और भी कहते हैं। सुना है, धंधा करती है। लगता भी कुछ ऐसा ही है। माँ कहती है कि मेरी बेटी ऐसे गंद में नहीं रह सकती, जहाँ बेटा ही अपनी माँ के साथ फँसा हो। क्या ऐसा हो सकता है? शायद कोई लूणा होगी, सगी माँ तो नहीं हो सकती। हो सकता है कि ससुराल से निकलने का बहाना हो।

'क्या हुआ बेटी पैदा हो गई? बेटी बेटे से कम नहीं होती। समय आने पर वे भी तो माँ को कमाकर खिला सकती हैं। मैं पैंतीस की भी नहीं थी, जब मेरा घरवाला चल बसा। 'ऊपरी हवा में आ गया था वह। झाड़-फूँक, दवा-दारु

बहुत करवाई। पर नहीं बचा। बच्चों को लेकर पेट भरने के लिए शहर की तरफ आना पड़ा। हमारे वहाँ करने के लिए कोई काम नहीं था। हम भूखे मर जाते।' कृष्णा ने सोचा।

दूसरी बेटी टाँग से लँगड़ी है। अच्छे से चल-फिर नहीं सकती। काफी ज्यादा लँगड़ाती है। एक टाँग से बैठती है और दूसरी से खड़ी होती है। घर का सारा काम करती है। खाना बनाती है, खूब खाती है, खिलाती है। मोटी हो रखी है। चार बच्चों की माँ लगती है। तीस के करीब होगी। पर माँ की तो कुँवारी बेटी है, बिन ब्याही।

बचपन में इसकी टाँग को भी ऊपरी हवा लग गई थी। यह ऊपरी हवा हम लोगों को ही क्यों लग जाती है? बहुत इलाज करवाया, पर ठीक ही नहीं हुई। पर इतना गलत भी नहीं है। अपना काम चला रही है। पेट और पेट के नीचे की भूख को तो मिटा पा रही है न!

एक और बेटी घूम रही थी वहाँ। बहुत दिनों बाद देखा उसे। बड़ी बेटी ने उसे कोठी में काम पर लगवा दिया था। सुना है, उसका मालिक विदेश घूमने गया है, इसलिए वह घर आई हुई है। पीला जर्द चेहरा, बाहर को निकले हुए दाँत और उन पर जमी हुई मैल। इस उम्र का कौमार्य कहीं गायब हो चुका था। कमाती तो वह भी है।

छोटी दोनों स्कूल पढ़ने जाती हैं। वहाँ, जहाँ पर सुबह दूध व दोपहर को दाल-खिचड़ी खाने को मिलती है। आठवीं तक कोई बच्चा फेल भी नहीं होता। स्कूल जाने का अर्थ पढ़ना नहीं होता। अब अधिकांश चीजों के अर्थ बदल चुके हैं। फेल शब्द बच्चों को हतोत्साहित करता है। स्कूल में बच्चों का मन नहीं लगता। वैसे स्कूल में बच्चों के मन का कोई काम भी नहीं। अपना नाम लिखना व सौ तक गिनती ही तो सिलेबस है। आठ-नौ साल खिचड़ी खाते-खाते इतना तो याद हो ही जाता है। और बहनों ने भी तो यही वाली आठवीं पास की थी। हस्ताक्षर कर लेती हैं और उतने पैसे गिन लेती हैं, जितने उन्हें मिलते हैं। ऐसे स्कूल व्हाइट कॉलर बाबू न सही, ऐसे मजदूर तो पैदा कर ही रहे हैं, जो अपने तन-मन से कमाई हुई दौलत को गिन सकें। क्या

यह इन स्कूलों की उपलब्धि नहीं है ?

गुड़िया आँगन में मिट्टी व छोटे-छोटे कंकड़ों से खेल रही है। गले में चुनरी, होंठों पर खूब सारी लिपस्टिक व पाँवों में माँ की हाई हील। माँ जैसी बनना चाहती है। समय आने पर इसका भी कोई-न-कोई जुगाड़ हो ही जाएगा। सुंदर भी माँ जैसी ही है।

कृष्ण कृष्णा का भी था और पाँचों पांडवों का भी। परीक्षित की भी उत्तरा के गर्भ में रक्षा की। क्या वह हमारा न होगा ? हमने तो पाँच गाँव भी नहीं माँगे। मैं पाँच बेटियों की माँ; क्या मैं और मेरी बेटियाँ जीवन व्यतीत करने के न्यूनतम स्तर की हकदार नहीं हैं ?

कृष्णा तुलसी के पास खेल रही गुड़िया को कुछ सोचते हुए देख रही थी या देखते हुए सोच रही थी। नहीं मालूम।

केवल संख्यात्मक बल पर स्वयं को द्रौपदी की भूमिका में मान लेना तथा शुचिता व अध्यात्म की प्रतीक 'तुलसी' को अपनी अनुचित मानसिकता से जोड़कर साधिकार भगवान् कृष्ण के साक्ष्य में अपने आप को वैध घोषित करना...वह अपनी परिवेशगत विवशताओं को शायद अपना अधिकार समझने लगी थी…

लता पुष्पित हुई

न हि दासित्वमापन्ना कृष्णा भवितुमर्हति।
अनिशेन हि राज्ञैषा पणे नयस्तेति मे मतिः ॥ 4 ॥

द्रौपदी कभी दासी नहीं हो सकती, क्योंकि राजा युधिष्ठिर ने पहले ही अपने आप को हारकर द्रौपदी को दाँव पर लगाने का अधिकार खो दिया था, उस दशा में उन्होंने इसे दाँव पर रखा है, अतः मेरा विश्वास है कि द्रौपदी हारी नहीं गई ॥ 4 ॥

—सप्तषष्टितमोऽध्यायः, द्यूतपर्व

सभापर्व

बरामदे के कोने में टूटी सी खाट में धँसी बुढ़िया शकुंतला आँखों और कानों दोनों से कमरे से आनेवाले समाचार का बेसब्री से इंतजार कर रही थी। आँखें चौखट से ऐसे चिपकीं, मानो दाने के कटोरे पर बैठी दो चिड़ियाँ। वैसे भी अज्ञात ज्ञात से अधिक आकर्षक होता है। थाली बजने की आवाज आई और अनुभवी बुढ़िया समझ गई कि उसकी पौत्र-वधू ने बेटा जनमा है। "चलो, कुल को वारिस मिल गया। मैंने भी जीते-जी यह खुशी तो सुन ही ली।" बुढ़िया ने राहत की साँस ली।

पैदा होते ही बुढ़िया की माँ मर गई थी। उसका बड़ा एक भाई था, दादी थी, पिता भी था। बड़े भाई को दादी ने रख लिया और उसे मामा अपने साथ ले आया, क्योंकि तब तक उसकी मामी की गोद हरी नहीं हुई थी। सात-आठ साल तक वह वहाँ की रानी बिटिया बनकर ही रही। बहुत प्यार मिला। परंतु जब उसकी मामी को बड़ा बेटा पैदा हुआ, तभी से वह उसे गोद खिलानेवाली आया बन गई।

दिन निकलने लगे। वह बड़ी हो गई। समय आने पर उसके हाथ पीले कर दिए गए और वह लगभग सत्तर वर्ष पहले विवाह कर अपने ससुराल घर आ गई। मामा, मामी व पिता ने शादी के मंडप में जो शिक्षा दी या पढ़ा दी गई, वही शिक्षा केवल संबंधों के नाम बदलकर ससुराल में भी दोहरा दी गई। उसने यथास्थिति पूरी तरह से उन बातों को मानकर एक आदर्श बहू बनने का प्रयास किया। घर में थे भी कितने लोग—सास-ससुर, एक ननद व एक छोटा देवर। सास-ससुर माँ-बाप, ननद बहन व देवर भाई समान ही तो थे। उस शिक्षा में यही बताया गया था और उसने भी यही मान लिया था। समय ठीक से बीत रहा था, परंतु शादी के पाँच साल बाद भी उसके आँगन में कोई किलकारी नहीं गूँजी। पति उखड़ा-उखड़ा रहने लगा। सास के स्वर में भी तीखी कड़वाहट सी आने लगी। घर भी वही था, वह भी वही थी और बातें भी कोई नई नहीं थीं, परंतु उनको कहने का लहजा बदल गया था। वातावरण में खिंचाव सा व्याप्त था। उसका मन भी उदास रहने लगा।

समय अपनी चाल से चल रहा था। ननद की शादी हो गई। देवर भी

जवान हो गया। घर के पाँच सदस्यों में बँटी वह रसोई तक सीमित हो गई। सभी के खाने का वह विशेष ध्यान रखती। यह उसका सबसे पहला कर्तव्य था। परंतु उसे उस समय बहुत अजीब लगता, जब उसका देवर अँगड़ाई लेते हुए रसोई में प्रवेश करता और बड़े अधिकार से उसे दूध का गिलास लाने के लिए कहता। रात को सोने से पहले देवर को उबासी नहीं, बल्कि अँगड़ाई आने लगी। घर में देवर का यह व्यवहार किसी को बुरा भी नहीं लगा और सास को तो विशेषकर। "हाय रे मेरा दुर्भाग्य या···सौभाग्य।" एक दिन देवर ने उसे अकेला पाकर दबोच लिया और वह किया, जो वह सोच भी नहीं सकती थी।

समय पाकर वह एक बेटे की माँ बन बैठी। परिवार को वारिस मिल गया। सभी बहुत खुश थे। परिवार के सहारे से शकुंतला पर फूल खिल गया था। उसे नहीं मालूम था कि उसका ससुराल परिवार कच्छा बदलना संस्कृति यानी एक रक्त संबंधों में ही किसी और पुरुष से बच्चा पैदा करने को ठीक माननेवाली धारणा का अनुगामी था ? चूल्हा जलाने के लिए वे लोग तो पड़ोस से भी आग माँग लाया करते थे। उसके ससुर भी चार-पाँच भाई थे। उसके पति देवर और ननद भी शायद नियोग से ही पैदा हुए होंगे। इन परिवारों में एक बात और भी प्रचलित थी—'धरती तां जट्ट दी माँ हुन्दि ए, उस दे टुकड़े नहीं होने चाहीदे।' धरती को टुकड़े होने से बचाने के लिए इससे अच्छा और कोई विकल्प हो भी नहीं सकता था। परिवार में पाँच ही सदस्य रहे। ननद गई तो बेटा आया। पति की नपुंसकता को वह भूल गई एवं सभी कुछ उसे सामान्य सा लगने लगा।

समय बहुत तेजी से बीता। बेटा बड़ा हो गया। उसकी शादी कर दी गई। घर-परिवार, बाल-बच्चे सभी कुछ था। कभी जो भूमिका शकुंतला ने निभाई थी, वही आज उसकी बहू मंजरी निभाने लगी थी। उसने अपने आसपास एक चक्रव्यूह सा रच लिया, जहाँ प्रत्येक क्रियाकलाप उसकी मरजी से होने लगा। उसने अपना माया महल बनवा लिया, जिसकी वह रानी बन बैठी। मंजरी, सभी के सहारे से पली व पुष्पित हुई पूरे वृक्ष पर छा गई। उसकी पकड़ इतनी

मजबूत व गहरी थी कि मजाल है एक पत्ता भी उसकी अनुमति के बिना हिल पाता। ससुर तो बहुत पहले मर चुका था और सास अपने ही घर में एक काँटे की तरह चुभने लगी।

वक्त के साथ घर के दोनों पुरुष—पति और बेटा, उसकी उँगलियों पर नाचने लगे। बेटे का भी समय आने पर उत्तरा से विवाह हो गया। मंजरी इंद्रप्रस्थ के महल की महारानी द्रौपदी बन चुकी थी। अब उसकी भी बारी थी। उत्तरा भी उसके लिए केवल वंश वृद्धि का साधन बन चुकी थी। उत्तरा की पारी को अभी वक्त था। शकुंतला की अब किसी को कोई आवश्यकता नहीं थी। बुढ़िया उपेक्षित सी एक कोने में लेटी टकटकी लगाए छत को निहारती रहती, मानो कुछ खोज रही हो। वह अपनी पारी खेल चुकी थी। पर शायद नहीं! अभी वह अपनी पारी छोड़ना नहीं चाहती थी। इसलिए तो वह अपनी तीसरी पीढ़ी के वारिस को देखने के लिए दरवाजे की चौखट से अपनी आँखों की पुतलियाँ चिपकाए बैठी थी। पुत्र होने पर उसके कानों में थाली बजने की आवाज प्रवेश कर चुकी थी। पोपले से मुँह से मुसकराते हुए, बुढ़िया ने सोचा—'बधाई हो, परीक्षित जन्म ले चुका।'

नियोग से उत्पन्न कुंती के पाँचों पुत्र के जन्म या परवरिश में इनके पिता की क्या भूमिका थी? क्या पुत्रों के माध्यम से ही पतियों द्वारा प्राप्त राज्यों को या अधिकारों को हस्तांतरित करना ही इनका उद्देश्य नहीं रह गया था? किस बंधन में बँधकर आँखों को ही कर्णेंद्रियाँ बनाए कुंती दरवाजे से चिपकी परपौत्र परीक्षित के आगमन वाली सूचना स्वरूप थाली की आवाज सुनने के लिए लालायित है?

पूर्णिमा से अमावस्या

हैडिंबि निहतं द्युष्ट्वा विशीर्णमिव पर्वतम्।
बभूवुः पाण्डवाः सर्वे शोकबाष्पाकुलेक्षणाः ॥ 1 ॥

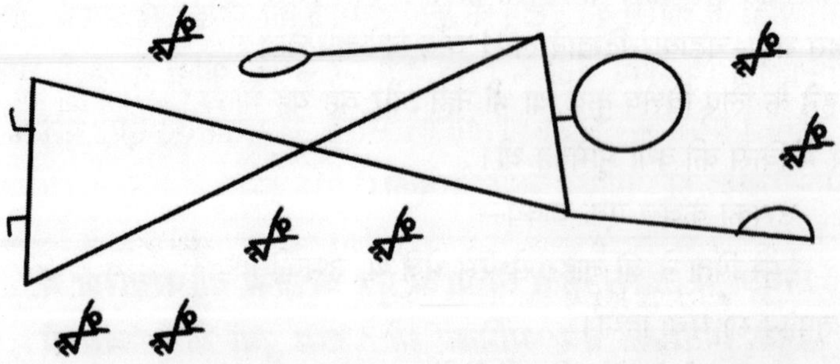

जैसे पर्वत ढह गया हो, उसी प्रकार हिडिंबाकुमार घटोत्कच को मारा गया देख समस्त पांडवों के नेत्रों में आँसू भर आए॥ 1 ॥

—अशीत्यधिकशततमोऽध्याय, घटोत्कचवधपर्व

द्रोणपर्व

साढ़े-छह फुट का जवान सड़क पर दुर्घटनाग्रस्त हुआ पड़ा था। शरीर के टुकड़े-टुकड़े हो गए थे। ऊपर से ट्रक निकल गया था या निकाल दिया गया था, नहीं मालूम। भीड़ जमा हो गई।

परदेस बैठे पिता ने बेटे को आदेश दिया, "तुम पंजाब जाओ। तुम्हारे दादा की मृत्यु हो गई है और अब तुम भी बड़े हो गए हो। मेरे हिस्से की जमीन के तुम हकदार हो। मैंने ही एक-एक पैसा पेट को गाँठ बाँधकर पंजाब भेजा है।"

युवा बेटे को आज पहली बार अहसास हुआ कि उसका भी दुनिया में कोई अपना है। चाँद ने टिकट बुक करवाई और चार दिन बाद सीधा कलकत्ते से पंजाब अपने स्वर्गीय दादा के घर जा पहुँचा।

दादा की मृत्यु को तेरह दिन हो चुके थे। सभी सगे-संबंधी चले गए। घर में एक कब्रिस्तानी चुप्पी व्याप्त थी। बड़े ताये ने जमीन-जायदाद के बँटवारे को लेकर बात शुरू की। बात चली तो सभी इस घर में अपने-अपने योगदान को बहुत बढ़ा-चढ़ाकर दिखाने लगे। चाँद चुपचाप बैठा सुन रहा था। उसके पास कहने के लिए विशेष कुछ था भी नहीं और वह यह भी नहीं जानता था कि इस घर में किस की क्या भूमिका थी।

उसका केवल एक वाक्य—

'मेरे पिता ने जो बाहर से पैसे भेजे थे, उसकी कितनी जमीन खरीदी थी' ने तूफान सा मचा दिया।

जग्गी ताये के बेटे की आँखों में खून उतर आया, "तू होता कौन है चाचा के पैसे का हिसाब पूछनेवाला?"

अभिमन्यु की तरह घटोत्कच भी चक्रव्यूह में घिर चुका था। चाँद सहमा सा कभी एक को तो कभी दूसरे को ताकने लगा। उसे समझ नहीं आ रहा था कि वह क्या जवाब दे?

चाँद का पिता भीमा लगभग पच्चीस वर्ष पहले अपने घर से बहुत दूर कलकत्ता में ड्राइवरी करने लगा। वहीं पर न जाने कैसे एक बंगालिन उसके संपर्क में आई। कुछ समय पश्चात् चाँद पैदा हुआ। जब बेटा साल भर का हो गया तो भीमा परिवार समेत अपने घर पंजाब लौट आया। सिवाय माँ के किसी को भी उनका वापस आना अच्छा नहीं लगा। तीखे नैन-नक्शवाली साँवली

पूर्णिमा किसी को फूटी आँख भी न सुहाती थी। लेकिन उसने अपने व्यवहार से उस घर में नहीं तो कम-से-कम अपने सास-ससुर के दिल में तो जगह बना ही ली थी। दिन बीतते गए। चाँद बड़ा होने लगा।

एक जगह पर टिककर रहना भीमा की आदत में शामिल नहीं था। उसे विदेश जाने का भूत सवार हो गया। इसी बात को लेकर घर में क्लेश रहने लगा। आखिर में अपने हिस्से की जमीन गिरवी रखकर किसी एजेंट के माध्यम से वह इटली चला गया। सुना था, उसने वहाँ जाकर घर-परिवार बसा लिया। फिर वह लौटकर पंजाब नहीं आया। पैसे वह लगातार बापू को भेजता रहा। घर की माली हालत काफी सुधर गई थी। गिरवी रखी जमीन भी छुड़वा ली तथा कुछ और जमीन भी खरीद ली। अब कोठीनुमा मकान भी पक्का बन गया था। घर में हर एक सुविधा थी। लेकिन घर में न ही चाँद के पिता थे और न ही चाँद की माँ पूर्णिमा का पति।

उन दोनों को भीमा के बिना घर खाली-खाली सा लगता। दादा-दादी भी बूढ़े हो गए थे। वे नीम के पेड़ के नीचे चारपाई पर बैठे खाँसते रहते। जैलदार का पोता रणवीर सारा दिन उनके बाड़े में चाँद के साथ खेलता रहता और वह स्वयं दादा के साथ सारे गाँव की राजनीति पर चर्चा करता। रणवीर उम्र में चाँद से बड़ा था, परंतु शरीर का बहुत ही कमजोर था। अकसर वह चाँद को मारकर बहुत खुश होता, परंतु चाँद कभी पलटवार नहीं करता। यह उसकी आदत नहीं थी। जैलदार को चाँद अच्छा लगता, क्योंकि ऐसा करने से उसके पोते का आत्मबल बढ़ता और किसी हद तक रणवीर अपनी शारीरिक हीनभावना से भी उभरता। पूर्णिमा चुपचाप बंधुआ मजदूर की तरह घर का काम, पशुओं का चारा, साफ-सफाई आदि सभी करती। अगर किसी ने पूर्णिमा के पति का स्थान लेना चाहा तो वह उसने कभी स्वीकार नहीं किया। वह किसी के आँगन में उगी बेरी तो थी नहीं कि जब जिसने चाहा पत्थर फेंका और बेर खा लिये। वह एक स्वाभिमानी स्त्री थी।

एक दिन अचानक पूर्णिमा अपने बेटे को लेकर कलकत्ता एक छोटे से गाँव लौट गई। एक कमरे का घास-फूस की छतवाला छोटा सा घर, दो-चार बरतन और एक अर्ध-विक्षिप्त बीमार टूटी सी चारपाई पर लेटा हुआ भाई। यही

तो था पूर्णिमा का मायका परिवार। आस-पड़ोस के लोग अच्छे थे। वे माँ-बेटे को प्यार करते थे और उन्होंने शायद पूर्णिमा की गलतियों को क्षमा भी कर दिया था। कभी-कभी पड़ोसवाली बूढ़ी काकी के पास जाकर पूर्णिमा मन हलका कर लेती। और कोई सुननेवाला भी तो नहीं था। बेटा तो अभी नासमझ ही था। पूर्णिमा बेटे को बूढ़ी काकी के पास छोड़कर फैक्टरी में काम पर जाने लगी। सिर पर तीन पेट की जिम्मेदारी थी। धीरे-धीरे वह घर पटरी पर लौट आया। भाई सारा दिन गलियों में घूमता रहता। एक दिन वह कहीं दूर चला गया। फिर लौटकर नहीं आया। शायद मर गया होगा। एक-दो दिन पूर्णिमा रोती रही, फिर काम पर जाने लगी। चाँद बिल्कुल नहीं रोया। उसको अपने मामा से बिल्कुल लगाव नहीं था और न ही उसे उसकी भाषा समझ में आती थी।

समय के साथ चाँद बड़ा होने लगा। उसने हाई स्कूल पास कर लिया और कॉलेज जाने लगा। माँ बेटे को बड़ा होते देख बहुत खुश होती। वह उसमें अपने पति की छवि आँकती। बूढ़ी काकी भी कई बार अपने दंतविहीन मसूड़ों से पान चबाते हुए कहती—

"बिटिया पूर्णिमा! तुम्हारा बेटा तो बिल्कुल अपने बाप पर गया है। कहाँ ये पतले-दुबले से बंगाली और कहाँ तुम्हारा लंबा-तगड़ा पंजाबी बेटा! चार-पाँच बंगालियों को तो यह अपनी काँख में दबाकर ही मसल दे। काली माँ बुरी नजर से बचाए।"

पूर्णिमा अंदर-ही-अंदर खुश होती। किसी ने भी पूर्णिमा को किसी से ज्यादा हँसते-बोलते नहीं सुना। वह चुपचाप अपने काम में लगी रहती। सुबह घर का काम, फिर फैक्टरी, शाम को आकर खाना बनाना और फिर सो जाना, यही उसकी दिनचर्या थी। चाँद की सेहत का वह विशेष ध्यान रखती। वही उसका एकमात्र सहारा था। वह किसी से कोई अपेक्षा नहीं रखती थी। वह तो विरक्त सी कर्मयोगी थी। एक-एक दिन बढ़कर पूरे पंद्रह दिनों में पूर्णिमा बनी या पहले घटकर और फिर बढ़कर पूर्णिमा का यह गौरव पूरे एक मास में या पूरे जीवन में प्राप्त किया, नहीं मालूम। अपने प्रारंभिक तीस वर्ष का इतिहास उसने कभी अपने बेटे से साझा नहीं किया और न ही चाँद ने कभी पूछा। मर्दों को उस स्तर तक जाकर पूछना भी तो नहीं आता।

रविवार का दिन था। फैक्टरी में आज छुट्टी थी। पूर्णिमा आँगन में बैठी अपने गीले व लंबे केश सुखा रही थी। काले बालों पर पड़ती सूर्य की किरणें आसमान में चमकने वाली बिजली का भ्रम पैदा कर रही थीं। तभी डाकिया आया और एक पत्र उसके हाथ में थमाकर चला गया। वह थोड़ी–बहुत हिंदी पढ़ लेती थी। उसने पत्र खोला व उसे पढ़ा। आज पहली बार उसकी आँखों में पूर्णिमा सी चमक और होंठों पर मुसकान थी। माँ ने बेटे को बुलाकर आदेश दिया—

"चाँद, तुम पंजाब के लिए गाड़ी का टिकट बुक करवा लो और सुबह ही जल्द निकल जाना। तुम्हारे दादा बीमार हैं, ऐसा तुम्हारे पिता ने पत्र में लिखा है।"

डेढ़ सप्ताह बाद ही चाँद के दुर्घटना में मरने का समाचार कलकत्ता माँ के पास पहुँच गया। घनघोर घटा छाई थी। बादल गरज रहे थे। समुद्र पूर्ण उफान पर था और माँ दहाड़ मारकर बूढ़ी काकी की टाँगों पर गिरकर धरती पर सिर पटक रही थी। धरती फटी जा रही थी। तूफानी बिजली सा चमकता चाँद आँगन में मृतप्राय पड़ी माँ के पास ही धरती को फाड़कर उस पार निकल गया। माँ को साथ ले जाने में विफल हो गया। वह तड़पती रही, साँस चलती रही। पुत्र पिता के काम आ गया। हिडिंबा अकेली रह गई। माँ का कुँवारा जवान बेटा चला गया। किसी को कोई फर्क नहीं पड़ा। जमीन में सभी के हिस्से बढ़ गए। पूर्णिमा की कोख उजड़ गई। वह पूर्णिमा से अमावस्या बन गई।

क्या हिडिंबा को भीम या उसके परिवार ने अपने परिवार का हिस्सा समझा? क्या भीम ने घटोत्कच पर इतना अधिकार अर्जित किया था कि वह पिता के एक इशारे पर ही मर-मिटने के लिए तैयार हो गया? पिता-पुत्र के संबंधों में 'माँ' कहाँ खड़ी है, क्या पुत्र माँ के लिए पिता से कुछ नहीं माँग सकते? उनके कृत्यों के परिणाम भुगतने का आधार 'केवल' माँ ही क्यों?

अनुत्तरित प्रश्न

अपृच्छद् धनुरूद्यम्य तं मुनिं क्षुच्छ्रमान्वितः।
भो भो ब्रह्मन्नहं राजा परीक्षिदभिमन्युजः॥ 19॥
मया विद्धो मृगो नष्टः कच्चित् तं दृष्टवानसि।
स मुनिस्तं तु नोवाच किन्चिन्मौनव्रते स्थितः॥ 20॥

राजा परीक्षित नें कठोर व्रत का पालन करनेवाले उन महर्षि के पास बड़े वेग से आकर पूछा। पूछते समय वे भूख और थकावट से बहुत आतुर हो रहे थे और धनुष को उन्होंने ऊपर उठा रखा था। वे बोले, "ब्राह्मण! मैं अभिमन्यु का पुत्र परीक्षित हूँ। मेरे बाणों से विद्ध होकर एक मृग कहीं भाग निकला है, क्या आपने उसे देखा है ?" मुनि मौन व्रत का पालन कर रहे थे, अतः उन्होंने राजा को कुछ भी उत्तर नहीं दिया॥ 19-20॥

—चत्वरिन्शोऽध्याय, आस्तीकपर्व

आदीपर्व

पलंग पर लेटी प्रौढ़ा माधुरी कान और आँखें दरवाजे पर लगाए हुए थी। दरवाजा खुला था। रात के दो बज चुके थे। बेटा अभी तक नहीं लौटा था। मन में डर व्याप्त था। शाम चार बजे आग-बबूला होकर घर से निकला था।

'गुस्सा भी तो हरदम नाक पर ही बैठा रहता है।' माधुरी सोच रही थी।

खेत में नौकर ने बताया कि पड़ोसी खेतवालों ने आज भी समय से पहले ही हमारा पानी अपने खेत में मोड़ लिया और हमारी जमीन सूखी ही रह गई। तभी से घर से गया है। अभी तक लौटकर नहीं आया।

लेटे-लेटे माधुरी के जेहन में इस बेटे के जन्म से लेकर आज तक की सभी स्मृतियाँ एक रील की तरह घूम गईं। वह लगभग बीस वर्ष पहले ब्याहकर इस हवेली में आई। ब्याहकर भी क्या, भगाकर लाई गई। बिगड़ैल बेटे की निगाह पड़ोसी गाँव की छोटी सी बस्ती में रहनेवाली एक सुंदर कन्या पर पड़ गई। कच्ची उम्र का पक्का प्यार। भगा लाया उसे और बना लिया हवेली की मालकिन।

उस घर में दादी थी, माँ-बाप थे, चाचा-चाची थे और थीं चाचे की तीन बेटियाँ। एकमात्र वारिस का यह कृत्य परिवार में किसी को अच्छा तो नहीं लगा, पर माधुरी की अल्हड़ता, चंचलता, सौंदर्य व छम-छम बजती उसकी पायल ने सभी का मन मोह लिया। दादी को वह गुड़िया सी घूमती बहुत प्यारी लगती। धीरे-धीरे माधुरी ने हवेली में अपना स्थान बना लिया।

पड़ोसी बस्ती की इज्जत हवेली वाले लूट ले गए। बस्तीवालों को यह गवारा नहीं था। इज्जत तो गरीब की भी होती है। दुपट्टा चाहे फटा हो, सिर तो उससे भी ढका जा सकता है। गरीब की आह बहुत बुरी होती है।

किसी कारणवश स्थानीय दंगे हो गए। दोनों तरफ डंडे, पत्थर व गोलियाँ चलीं। इसी में चेतन माधुरी का पति व हवेली का एकमात्र वारिस भी मारा गया। सुना तो था कि बस्तीवालों ने ही मारा है। इस बात का कोई ठोस प्रमाण तो नहीं था, पर अधिकांश लोग ऐसा ही मानते थे और हो भी सकता है। जब चेतन मरा, उस समय माधुरी दो महीने की गर्भवती थी। बस्तीवाले अपनी बेटी को वापस ले जाने आए, लेकिन दादी ने नहीं भेजा। उसे आशा थी कि शायद माधुरी चेतन को वापस लौटा लाए। वे लोग खाली हाथ लौट गए।

छह-सात महीने बाद छोटी सी माधुरी की गोद में एक नन्हा सा फूल

खिला। वह एक बेटे की माँ बन गई। चेतन लौट आया। परिवार में कुल मिलाकर दस सदस्य और उनमें एक माधुरी भी थी। पति बिना ससुराल में जगह बनाने के लिए एक लड़की को जितना संघर्ष करना पड़ता है, वह सबकुछ माधुरी ने किया। आँखों-आँखों में ही खींची, वह बस्ती से हवेली तक आ गई। यह चेतन का प्यार था या दैहिक आकर्षण, नहीं पता। विश्लेषण करने की न उम्र थी और न ही उतना समय। चेतन ने तो एक सुंदर सी मूर्ति लाकर मंदिर में रख दी और परिवार ने उसकी जिद के आगे घुटने टेक दिए। जो बाँह पकड़कर लाया था, वह हाथ छोड़कर चला गया और माधुरी की झोली में डाल गया एक नन्हा सा बालक, जिसके सहारे वह जीती रही। वह उस दिन की प्रतीक्षा करती रही, जब यह बालक उसका सहारा बनकर उसे सँभालेगा।

समय अपनी गति से चलता रहा। चाचे की तीनों बेटियों की अच्छी शिक्षा-दीक्षा हुई और बहुत मान-सम्मान से वे अपने घर ससुराल जा बसीं। यह बहुत इज्जतदार परिवार था। हवेली वाला कहीं जरा सा भी सुराख नहीं था, जिसमें से कोई उँगली भी उठा सके। चेतन ने यदि किसी बस्तीवाली लड़की से शादी कर ली तो यह इज्जत जाने जैसी तो कोई बात नहीं थी। वह लड़का था, उस घर का बाँका जवान। उसे सभी अधिकार प्राप्त थे और फिर गरीब की बेटी को लाकर बेइज्जत तो नहीं किया, बल्कि रानी बनाकर रखा। जो कुछ हुआ, वह तो अपने हाथ में नहीं था। विधि का विधान ही ऐसा होगा। इतना ही साथ लिखा होगा। चेतन चाहे चला गया, पर परिवार के किसी भी सदस्य ने कभी इस बात का तनिक भी संदेह नहीं हुआ कि उसकी मृत्यु में बस्तीवालों का भी हाथ हो सकता है।

हवेली की तीसरी पीढ़ी का एकमात्र वारिस अक्षित—माधुरी-चेतन का बेटा, पूर्णिमा के चंद्रमा की तरह बड़ा होने लगा। लेकिन था आग का गोला। अक्षित-क्षति या अक्षय रहित। लेकिन ऐसा कैसे संभव होगा? मृत्यु या क्षय तो सत्य है। ऐसा युधिष्ठिर ने ही तो यक्ष के प्रश्न के उत्तर में कहा था। हम बड़े होते हैं और मृत्यु तक का हमारा फासला कम होता जाता है। परदादी, दादा-दादी सभी धीरे-धीरे अपने समय से दुनिया छोड़कर चले गए। अब रह गए माधुरी और अक्षित। माधुरी इस घर की मालकिन थी। जमीन-जायदाद सभी कुछ बड़े सलीके

से सँभाल रही थी। बड़ों से सभी कुछ सीख भी लिया था। हवेली की विरासत को खोया नहीं था। अक्षित सूर्य जैसा बेटा दिया था भगवान् ने, परंतु उसमें इतनी तपन क्यों थी? वह इतना क्रोधी क्यों था? माधुरी कभी सोचती—'क्या पिता भी ऐसे थे या दादा ऐसे थे?' उसे तो कभी समय ही नहीं मिला बाप-दादा को आँकने का। कभी वह अपने परिवार पर प्रश्नचिह्न लगाती। उत्तरा स्वरूप माधुरी अर्ध-निद्रावस्था में स्वयं को सुभद्रा के जमाने तक खींचकर ले गई और अपने आप से पूछने लगी, 'क्या कहीं मैं चक्रव्यूह से निकलने की कथा सुनते-सुनते सो तो नहीं गई थी? कुछ छूट गया है, जो मैं बेटे को नहीं दे पाई? क्रोध रूपी अश्व पर चढ़ा मेरा बेटा कहीं उस अश्व से गिर न जाए!'

सुबह के सात बज गए। अक्षित नहीं लौटा। टाँगों को अपनी छाती से सटाए गठरी सी बनी माधुरी, यानी उत्तरा को न जाने दुनिया के कितने प्रश्नों के उत्तर देने अभी शेष होंगे और बेटे अक्षित को परीक्षित बनकर अपने अवगुणों के साथ न जाने कितनी परीक्षाओं के फेल-पास परिणाम भुगतने होंगे। उम्र भर तो कान्हा सुदर्शन चक्र लिये आदमी के साथ नहीं घूम सकते। बहुत से प्रश्न 'क्यों' अनुत्तरित भी तो रह ही जाते हैं। यह कोई जरूरी तो नहीं कि सभी प्रश्नों के उत्तर हों और वे भी किसी उत्तरा या परीक्षित से ही पूछे जाएँ!

क्या अभिमन्यु का क्रोध ही परीक्षित की नसों में दौड़ने लगा, जो शमिक ऋषि के गले में मृत सर्प डालने का विवेकहीन निर्णय ऋषि पुत्र श्रृंगी के शाप का कारण बना? अधूरी सूचना सुनकर या पूरी परिस्थितियों पर चिंतन न करके युवा-वर्ग की प्रतिक्रिया क्या उसके जुड़े परिवारों के लिए घातक तो सिद्ध नहीं हो रही? केवल चिंता की आग में सुलगते रहना ही अभिभावकों की नियति बन गया है?

गृहस्थाश्रम से संन्यासाश्रम

कौन्तेयस्त्वं न राधेयो न तवधिरथः पिता।
नासि सूतकुले जातः कर्ण तद् विद्धि मे वचः ॥ 1 ॥

कर्ण! तुम राधा के नहीं, कुंती के पुत्र हो। तुम्हारे पिता अधिरथ नहीं हैं और तुम सूत कुल में नहीं उत्पन्न हुए हो। मेरी इस बात पर विश्वास करो॥ 1॥

—पञ्चत्वारिंशदधिकशततमोऽध्यायः, भगवद्यानपर्व

उद्योगपर्व

पींग झूलती अल्हड़ सी युवती रश्मि ने गाड़ी से उतरकर ससुराल के आँगन में पाँव रखा। सजा-धजा, सँवरा मकान। सास ने खुशी से बहू के ऊपर से वारकर पानी के चार घूँट पिए। सभी शगुन बड़े सलीके से हुए, क्योंकि यह मकान तो पहले ही अपशगुनों से ग्रसित था। बेटे की शादी को सात साल हो गए थे, परंतु आँगन अभी तक सूना था। इस घर में फूँक-फूँककर कदम रखा जा रहा था।

रश्मि दुल्हन बनकर इस घर में आई। वह छोटी बहू थी। वह छोटी क्यों थी? उसे नहीं मालूम। उससे न किसी ने पूछा और न ही बताया। माँ-बाप ने रश्मि की सुरक्षा हेतु गौरव से आधा मकान रश्मि के नाम लिखवा लिया था। और क्या चाहिए था? गरीब घर की बेटी मकान-मालकिन बन गई थी। यही जीवन की गारंटी थी। माँ-बाप निश्चिंत हो गए थे।

'थोड़े समय की ही तो बात है। फिर तो हमारी बेटी ही राज करेगी।' ऐसा माँ-बाप सोचते थे।

विवाह की सभी रस्में पूरी हो गईं। रिश्तेदार विदा हो गए। घर में रह गई सास, विवाहित दो ननदें, पति, बड़ी, रश्मि व उसकी डोली के साथ आया बड़ा भाई। उसे घर का माहौल सामान्य सा नहीं लगता। घर की देहरी के भीतर एक स्वार्थ की दुर्गंध महसूस होती, पर वह समझ नहीं पा रही थी कि गंध किस चीज की है। वह उखड़ी-उखड़ी सी रहने लगी और घर-आँगन में उस दुर्गंध की टोह लेने की कोशिश करती रहती। उसे अहसास होने लगा कि उसके साथ धोखा हुआ है और धोखा किया है सभी ने मिलकर।

कुछ दिनों के बाद ननदें भी अपने नेग लेकर खुशी-खुशी अपने ससुराल लौट गईं। रश्मि दहाजू से ब्याही गई थी। ससुराल में किसी प्रकार की कोई कमी नहीं थी। प्यार की भी नहीं। बड़ी कभी-कभी रश्मि को अजीब सी नजरों से देखती। वह उन नजरों का सामना नहीं कर पाती थी।

कुछ दिनों बाद रश्मि भाई के साथ मायके लौट आई। यहाँ आते ही रश्मि के भीतर दबा ज्वालामुखी ऐसा फूटा कि उसकी आँच से सभी जलने लगे। कोहराम मच गया। रश्मि छाती पीट-पीटकर रोने लगी और हाथ में

जो भी चीज आती, उसे अपने सिर पर दे मारती। माता-पिता ने अपनी इज्जत की दुहाई दी, पाँव पकड़े, हाथ जोड़े, क्षमा माँगी, परंतु बेटी काली बन चुकी थी। दोपहर से रात हो गई। रश्मि आँगन में धरती पर ही लुढ़क गई। उठाने की बहुत कोशिश की, परंतु नहीं उठी। माँ पास बैठी रही। समझाने का बहुत प्रयत्न किया, नहीं समझी। माँ-बेटी ठंड में गठरी सी बनी रात भर आँगन में ही पड़ी रहीं।

सुबह के आठ बज चुके थे। सुबह होकर भी सुबह नहीं हुई। कोहरा छाया हुआ था। माँ की बूढ़ी व कमजोर हड्डियों को ठंड लग गई। वह निमोनिया की चपेट में आ गई। साँस लेने में बहुत मुश्किल होने लगी। फेफड़ों में बलगम जम गया। कोई घरेलू नुस्खा काम न आया। अस्पताल में सप्ताह भर रहकर माँ चल बसी। रश्मि के लिए अब कोई और ठिकाना न था। वह खाली हाथ पति गौरव के साथ 'आधे मकान' में लौट आई।

वह मकान रश्मि के लिए कभी पूरा न बना, बल्कि धीरे-धीरे उसकी छत व दीवारें भी दरकने लगीं।

रश्मि सहमी-सहमी सी रहने लगी। बड़ी को देखते ही उसके हृदय में खलबली सी मच जाती। दोनों सौतिया डाह में जलती रहतीं। गौरव कृष्ण तो था नहीं कि वह एक होते हुए दोनों को संतुष्ट कर पाता। एक के पास जाता तो दूसरी को छोड़ना पड़ता। वह तो स्वयं भी चक्की के दो पाटों के बीच पिस रहा था।

सास ने सारे अधिकार बड़ी को दे रखे थे। रश्मि नहीं जानती थी कि उसकी शादी में बड़ी की भी अनमनी सी सहमति थी। बड़ी को विश्वास दिलाया गया था कि पहली औलाद उसी की झोली में डाली जाएगी। विवाह के दो वर्ष पश्चात् रश्मि ने एक बेटे को जन्म दिया। एकदम गोल-मटोल स्वस्थ बच्चा। योजना अनुसार सास पीछे हट गई। जच्चा-बच्चा की सारी जिम्मेदारी बड़ी ने सँभाल ली। तब तक रश्मि यह नहीं जानती थी कि योजना कितनी लंबी है और इसका हश्र क्या होगा! वह बहुत छोटी थी, अनुभवहीन भी।

रश्मि को यह सब अच्छा लगता। उसे बड़ी अपनी माँ जैसी लगने लगी।

बड़ी बच्चे को अपने साथ सुलाती। उसका मातृत्व संतुष्ट होता। रात को बच्चा रोता तो बड़ी दूध पिलाने के लिए उसे रश्मि को दे देती। रश्मि को कोई शिकायत नहीं हुई। बड़ी का बच्चे को सँभालना उसे अहसान सा लगने लगा। उसे लगता कि कम-से-कम उसे रात भर जागना तो नहीं पड़ता, आराम से सो तो सकती है। यह सोना उसे बहुत महँगा पड़ा। धीरे-धीरे बेटा पूरी तरह से बड़ी का हो गया।

घर में सब थे—दादी थी, बड़ी माँ थी और पिता था। रश्मि, रश्मि ही रह गई। बेटे को जन्म देकर भी माँ नहीं बन पाई। बेटा रश्मि की गोद में नहीं आता, यदि जबरदस्ती उठा भी लेती तो बाँहें फैलाकर जोर-जोर से रोकर अपनी बड़ी माँ के पास जाने की जिद करता, मानो रश्मि की गोद में से उसे काँटे चुभते हो। यदि वह कुछ खिलाना चाहती तो नहीं खाता। दूध भी बड़ी मुश्किल से उसने छह माह तक ही पिया। फिर उसे और बहुत-कुछ खाने का चस्का सा लग गया।

रश्मि अकेली हो गई। वह समझ नहीं पा रही थी कि वह क्या करे? किससे बात करे या क्या बात करे। आँगन में उग आई अनचाही झाड़ी सी खड़ी रश्मि ऊपर से शांत, परंतु भीतर से बहुत अशांत थी। परिवार में सभी उसे 'छोटी' कहकर बुलाते थे, परंतु उसका कोख जाया बेटा उसे माँ नहीं, 'छोटड़ी' बुलाता। जब बेटा छोटड़ी कहता तो उसका कलेजा चीत्कार उठता। वह सोचती, 'यदि मैं पैदा ही न होती या उसी दिन माँ के साथ ही मर जाती तो आज यह दिन देखने न पड़ते।' जब भी वह उन तीनों—बड़ी, बेटा और बेटी के बाप—को इकट्ठे देखती तो रोम-रोम से उसके आँसू निकलते। उसे लगता कि उसे मक्खन से बाल की तरह निकाल फेंका है। उस आधे मकान का वह क्या करे? उसे बिछाए या खाए? ससुराल नमक रहित बासी भात जैसा हो गया था।

बुढ़िया समय आने पर बड़ी शांति से भरा-पूरा परिवार छोड़कर चल बसी। अब सास के पास दुनिया में देखने को कुछ भी शेष नहीं बचा था। स्वर्ग को सोने की सीढ़ी लग चुकी थी। अब रश्मि क्या करे? सास मर गई।

बेटा बड़ा हो गया। पति तो पहले ही किसी और का था। उसके लिए तो वह केवल बेटा पैदा करने का साधन मात्र था। बाप-बेटा दोनों बड़ी के आँचल में समा गए।

सास के मरने के बाद मंदिर की धूप-बत्ती का काम रश्मि ने सँभाल लिया। वह घंटों मंदिर में बैठी रहती। गीता का पाठ करती और उसका अर्थ अपने अनुसार ही निकाल लेती।

सोचती, 'ऐसा मैंने क्या कर्म किया, जो मैं भरे-पूरे परिवार में भी अकेली थी। मुझे किसने अकेला बना दिया? माँ-बाप, सास, पति, बड़ी माँ या बेटे ने? कुंती भी तो कर्ण के बिना अकेली थी। परंतु उसके तो पाँच पुत्र थे—मैं अकेली आँगन में बिछी चौसर पर हारी हुई गोटी हूँ।'

वह अब कुछ नहीं देखना चाहती थी। कभी-कभी आँखें बंद किए सोचती, 'कुछ संबंध प्रारब्ध के कारण भी तो बनते हैं। शायद यह संबंध भी ऐसे ही बने होंगे। कोई ऋण होगा, जो मुझे बेटा पैदा करके उतारना पड़ा।' रश्मि कुंती की तरह ही अपने पुत्र को पाने के लिए रोती रही। आँसुओं की धारा बाहर से भीतर की ओर मुड़ गई और वह सीधी गृहस्थाश्रम से संन्यासाश्रम में चली गई।

> ***कर्ण कभी कुंती का नहीं हुआ। युद्ध क्षेत्र में कर्ण के पास जाकर भी वह खाली हाथ लौट आई। क्या यह उसकी विवशता, पलायानवृत्ति, प्रारब्ध या पूर्व निर्धारित योजना का प्रतिफल था?***

माद्री का कुंतीत्व

माँ चाभिगम्यऽक्षीणो यं कामाद् भरत सत्तमः।
तमुच्छिन्द्यामस्य कामं कथं नु यमसादने॥ 26॥

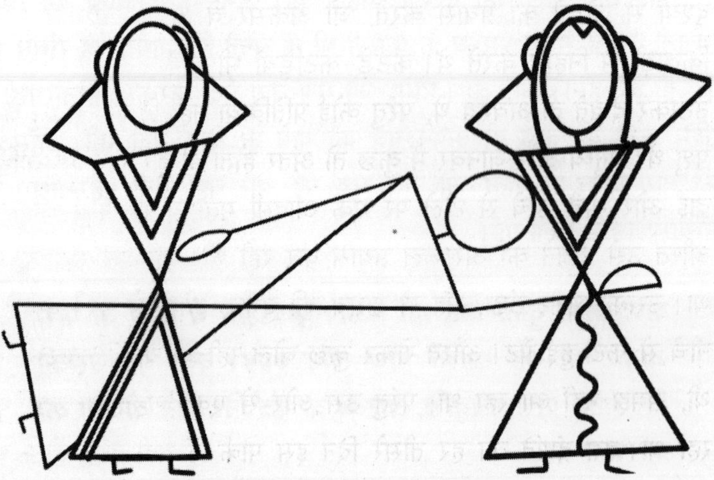

ये भरत श्रेष्ठ मेरे प्रति आसक्त हो, मुझसे समागम करके मृत्यु को प्राप्त हुए हैं; अतः मुझे किसी प्रकार परलोक में पहुँचकर उनकी उस कामवासना की निवृत्ति करनी चाहिए॥ 26॥

—चतुवृन्शत्यधिकशततमोऽध्याय, संभवपर्व

आदिपर्व

सरेआम कच्ची सड़क पर भैंस-भैंसा चढ़ने-उतरने का खेल-खेल रहे थे। दस कदम दूर पार्कनुमा मैदान में कुत्ते-कुत्तिया की खींचतान चल रही थी। थोड़ा बाईं ओर हटकर नल से गिरे पानी से बने छप्पर किनारे एक टाँग के सहारे खड़ा बगुला एकाग्रचित्त होकर शिकार की तलाश में था। एक-दो साल बड़े कटड़े-कटड़ियाँ पार्क में घास चर रहे थे। सात-आठ बच्चों का झुंड सुबह ही नंगे पाँव, तन पर एक ही कपड़ा लटकाए पार्क की पगडंडी से शिव मंदिर से नाश्ता खाने व लाने के लिए जा रहा था। वे कभी-कभी पत्थर उठाकर कुत्ते-कुत्तिया पर फेंक देते। वे उस जोड़े की पकड़ ढीली न होते देख जोर-जोर से हँसने लगते।

कभी-कभी बड़े बच्चे इस दृश्य को अर्धनिद्रावस्था में देखे गए उन दृश्यों से जोड़ने का प्रयास करते, जो अकसर वे अपनी झुग्गियों में टूटे किवाड़ों से निहारा करते थे। कटड़े-कटड़ियाँ भी वहीं चर रहे थे। वे मुँह उठाकर देखते तो अवश्य थे, परंतु कोई प्रतिक्रिया नहीं दिखा रहे थे। वे तो पशु थे। मनुष्य और जानवर में कुछ तो अंतर होता ही है। होना भी चाहिए। दाईं ओर थोड़े ऊँचे से टीले पर एक आदमी मृतप्राय सा पड़ा था। एक औरत उसे उठाने का असफल प्रयास कर रही थी। वह उठ नहीं पा रहा था। उसका शरीर ठंडा, मुँह से शराब की दुर्गंध, ओस से गीले कपड़े व नीचे से फटी हुई पैंट। औरत रोकर कुछ बोल रही थी या बोलकर रो रही थी, समझ नहीं आ रहा था; परंतु उस ओर से एक आहत सा स्वर फूट रहा था। इस दंपति का हर तीसरे दिन इस पार्क में यही हाल होता था। सुबह हो चुकी थी और सभी अपनी-अपनी भूख मिटाने निकल पड़े थे।

छत्रपाल व रुक्मणी दोनों ही पार्क से लगभग सौ मीटर दूर एक अँधेरी सी कोठरी में रहते थे। एक किराए का कमरा—इनका मकान। उसे घर तो हरगिज नहीं कहा जा सकता था। पिछले पाँच-छह साल से यह लोग यहीं जमे हुए थे। इनका रहन-सहन व भाषा से लगता था कि यह लोग उत्तरांचल की पहाड़ी क्षेत्र से संबंध रखते थे। इनकी जड़ें वहीं पसरी हुई

थीं। बोलते तो यह लोग लय में ही थे, परंतु कभी जब गुस्से से गाली भी निकले तो वह भी यहाँ की स्वाभाविक बोली की अपेक्षा कहने को धीमी व मीठी होती थी। यह लोग आदत अनुसार अक्खड़ नहीं होते। आजकल दूसरे इलाकों से आए पढ़े-लिखे लोगों ने अपने-अपने समूह बनाए हुए थे, जैसे गढ़वाल, उत्तरांचल, कुमाऊँ, मालवा सभा आदि। जहाँ यह लोग महीने में एक-दो बार मिलकर अपना दुःख-सुख साझा कर लेते थे। परंतु यह अनपढ़ दंपति इन समूहों के विषय में बिल्कुल अनभिज्ञ थे।

जब रुक्मणी को छतरपाल के साथ देखा तो चौदह-पंद्रह साल की लड़की व एक नौ-दस साल का लड़का भी साथ था। सुना है, ये बच्चे रुक्मणी के नहीं, बल्कि छतरपाल के थे। रुक्मणी छतरपाल की दूसरी औरत थी। वैसे वह कितनी औरतों के संपर्क में आया, कोई नहीं जानता। यह जानना आवश्यक भी नहीं था। छतरपाल देश-विदेश का कोई बड़ा स्टार तो नहीं था, जिसे मी-टू कैंपेन में घसीटा जा सके। तीन बच्चों को छोड़कर सुना है कि छतरपाल की पहली पत्नी किसी भयानक बीमारी से चल बसी। और छतरपाल का आगे-पीछे तो कोई था नहीं। वह अपने तीन बच्चों को अपने बूढ़े सास-ससुर के पास पहाड़ में जाकर फेंक आया—

"खर्चा मैं भेजूँगा। आप इनको सँभालो। मेरे पास इनको पालने का और कोई उपाय नहीं है।"

हर एक इनसान अपना-अपना भाग्य लेकर पैदा होता है। सारे रास्ते बंद हो जाने पर भगवान् कोई-न-कोई नया रास्ता भी बना ही देता है। इस बार वर्षा ऋतु ने पहाड़ों पर कहर मचा दिया। पानी का साक्षात् तांडव हुआ। प्राकृतिक या किसी और सौंदर्य के नष्ट होने की बात करना तो दूर, मानव जीवन ही तहस-नहस हो गया। जड़ों से उखड़े हुए पेड़, मानवीय लाशें व स्वयं केदारनाथजी भी पीठ लगाकर पानी के उस बहाव को रोकने में असमर्थ रहे। रुक्मणी का सारा परिवार बहकर कहाँ चला गया, नहीं पता। गाँव के गाँव सपाट मैदानों में बदल गए थे। रुक्मणी ने एक पेड़

पर चढ़कर कैसे भी अपनी जान बचा ली थी। पेड़ से उतरकर एक प्रौढ़ा स्त्री सीधे अपनी मासी यानी छतरपाल की सास के घर चली आई। स्वयं के सहारे के लिए या इन बच्चों को सहारा देने के लिए, नहीं मालूम। वैसे भी औरत जात तो सौ वर्ष की हो जाने पर भी कहीं भी सुरक्षित नहीं है। न पहाड़ों पर, न मैदानों में।

छतरपाल साल में एक-दो चक्कर ससुराल लगा आता। बच्चों को देख लेता व थोड़ा-बहुत खर्चा भी दे आता। जीवन घिसटने लगा था। रुक्मणी के आने के बाद जीवन की रफ्तार कुछ तेज हो गई थी। बूढ़े नाना-नानी ने पास ही एक लड़का देखकर बड़ी लड़की की शादी कर दी। एक जिम्मेदारी से तो मुक्त हुए। अपने संपूर्ण जीवन के अनुभवों का निष्कर्ष निकालकर उन्होंने रुक्मणी को शेष दो बच्चों के साथ छतरपाल के पास भेज दिया। वह दोनों बूढ़ा-बुढ़िया कब तक इनका खयाल रखते? न जाने कब भगवान् के घर से बुलावा आ जाए! जाना तो पड़ेगा ही। नदी किनारे खड़े वृक्षों का क्या पता कब इस धारा में बह जाएँ। उन्हें बच्चों सहित रुक्मणी को भेजने से अच्छा कोई और विकल्प नहीं सूझा और फिर दोनों बच्चे छतरपाल के ही तो थे। और रुक्मणी उसकी साली को वहाँ जाना उन्हें कोई ऐसी असंभव या अनहोनी बात भी नहीं लगी। उन्होंने सोचा कि साली तो वैसे भी आधी घरवाली होती है और जब कोई साली बच्चों की संरक्षिका बनकर आए तो वह तो पूरी घरवाली के समस्त अधिकार भी रखती है। अब उसी कमरे में चार लोग रहने लगे। किराए का कमरा और खानेवाला पूरा परिवार। खर्चा तो बढ़ ही गया था। छतरपाल पार्क के ठेकेदार के पास काम करता था। घास काटना, पौधों का रख-रखाव व उनमें से खतपतवार निकालना, इतना काम तो एक पहाड़ी औरत रुक्मणी भी कर ही सकती थी। 'आमदनी भी दुगुनी हो जाएगी और घर का खर्चा भी ठीक से चलेगा'। ठेकेदार के साथ छतरपाल का उठना-बैठना था और शाम को खाना-पीना भी साथ ही था। ठेकेदार को छतरपाल की पत्नी को काम पर रखने में कोई दिक्कत नहीं हुई।

पार्क में तीन–चार औरतें और भी काम करती थीं। पचास–पचपन साल की एक मजदूरन शीला के साथ रुक्मणी का विशेष प्यार हो गया, क्योंकि वह भी उसी के इलाके की थी। उसे इधर आए देर हो गई थी। अपने मायके का तो कुत्ता भी बहुत प्यारा लगता है, शीला तो एक औरत, बड़ी बहन सी लगने लगी। एक दिन शीला ने रुक्मणी को बताया—

"देखो बहन, सुना है कि छतरपाल को कोई ऐसी बीमारी है, जो एक से दूसरे को लग जाती है। कोई एड–वेड बीमारी है। तू अपने आप को उससे दूर रखना। घर–बाहर का काम करो, बच्चों का ध्यान रखो, मगर उसके साथ पति–पत्नी वाला गंदा काम मत करना।" शीला ने अपनापन जताया।

पता नहीं किस रिश्ते से यह लोग एक छत के नीचे रहते रहे। रुक्मणी छतरपाल और उसके बच्चों का पूरा ध्यान रखती। शीला की जरा सी बात ने उसे सावधान कर दिया था। लड़की बड़ी हो गई थी। आसपास आते–जाते लड़कों से आँख–मिचोली खेलने लगी। इधर–उधर ताक–झाँक करने लगी। उन्हीं के कमरे के साथ सात–आठ और भी कमरे थे, जहाँ पर इसी तरह के मजदूर लोग रहते थे। एक दिन यह पहाड़ी लड़की एक बिहारी लड़के के साथ भाग गई। कहीं दूर जाकर रहने लगी। उसे किसी ने नहीं ढूँढ़ा। ढूँढ़ता भी कौन और क्यों? वह बड़ी हो गई थी। उसे सभी कुछ चाहिए था। निकल गई अपनी तलाश पर।

आज शराब में धुत छतरपाल ने बरबस कुंती को माद्री की भूमिका में उतारने का निर्णय लिया था। जब रुक्मणी ने मना किया, तभी वह कमरे से भाग गया। सुबह वह पार्क में पड़ा था। ठंडा शरीर, मुँह से शराब की दुर्गंध, ओस में गीले कपड़े व नीचे से फटी हुई पतलून से झाँकती नग्नता को ढकती रुक्मणी का असफल प्रयास। वह सोच रही थी कि शायद स्त्री–पुरुष के दैहिक संबंधों के बिना भी जीवन जीया जा सकता है। एक–दूसरे का सहारा बना जा सकता है। यह रुक्मणी उस कृष्ण की पटरानी तो नहीं थी, जिसने गोवर्धन पर्वत के छतर के नीचे समस्त मथुरावासियों को आश्रय

दिया था। न ही छतरपाल रुक्मणी को युद्ध में जीतकर लाया था, उसके भाई रुक्मण से दुश्मनी लेकर। वह तो हालातों के वशीभूत होकर स्वयं ही पहाड़ों से उतरकर छतरपाल के एक कमरे तक सीमित हो गई थी।

एक ओर दशहरे के मेले से बीस रुपए में खरीदे धनुष-बाण को कंधे पर लटकाए गांडीवधारी अर्जुन खड़ा था। दूसरी ओर पांडु और साथ खड़ी कुंती या माद्री। रुक्मणी निर्णय नहीं कर पा रही थी कि वह कुंती बनकर भविष्य की धरोहर अर्जुन को सँभाले या माद्री की भाँति पांडु के साथ राख हो जाए?

क्या पांडु के दैहिक धर्म की विवशता ने महाभारत को नया मोड़ दिया? कुंती को केवल 'कुंती' बनी रहने के लिए कैसी-कैसी विकट परिस्थितियों से गुजरना पड़ा? पांडु की मृत्यु के साथ ही क्या हस्तिनापुर के शासन को हथियाने की दुर्भावना ने गति नहीं पकड़ ली थी? पांडु के क्षणिक आवेश व माद्री की विवशता ने कहीं कुंती को पाँच पांडवों सहित चौराहे पर तो ला खड़ा नहीं कर दिया?

विकल्प नहीं

कुन्ति समर्था पुत्राणां योगक्षेमस्य धारणे।
अस्या हि न समा वुद्धया यद्यपि स्याद्रून्धती॥
कुन्त्याश्व वृष्णयोनाथाः कुन्तिभोजस्तथैव च।
नाहं त्वमिव पुत्राणां समर्था धारणे तथा॥

कुंती देवी सभी पुत्रों के योग–क्षेम के निर्वाह में—पालन–पोषण में समर्थ है। कोई भी स्त्री, चाहे वह अरुंधती ही क्यों न हो, बुद्धि में इनकी समानता नहीं कर सकती। वृष्णि वंश के लोग तथा महाराज कुंतीभोज भी कुंती के रक्षक एवं सहायक हैं। बहन! बच्चों के पालन–पोषण की शक्ति जैसी आपमें है, वैसी मुझमें नहीं है। अतः मैं पति का ही अनुगमन करना चाहती हूँ।

—धतुविशत्यधिकशततमोऽध्याय, संभवपर्व

आदिपर्व

पिछले लगभग नौ महीने से रमा बिस्तर पर ही थी। कभी घर तो कभी अस्पताल के चक्कर काटते समय बीतता।

'शुक्र है भगवान् का कि आज यह दिन देखने को मिला।'

बुढ़िया पोपले से मुँह से बतियाते हुए ऐनक के उस पार से अपने परपौत्र को देखकर निहाल हुए जा रही थी। शायद आज का शुभ दिन देखने के लिए ही भगवान् ने इतनी लंबी उमर दी थी।

सौ की उम्र तो विद्या कब की पार कर चुकी। बचपन बहुत अच्छे घर में बीता। पाकिस्तान के गुजराँवाला के दूर-दराज किसी जमींदार परिवार में जनमी विद्या की शादी भी पाकिस्तान में ही एक अच्छे परिवार में हुई। अगस्त 1947 में देश का विभाजन हुआ। इधर-उधर धक्के खाने के बाद विद्या और मोहन नए बसे शहर चंडीगढ़ में रहने लगे। मोहन ने पाकिस्तान में ही अपनी वकालत की पढ़ाई पूरी कर ली थी, परंतु विद्या के लिए काला अक्षर भैंस बराबर ही था। धीरे-धीरे यहाँ आने के बाद विद्या को भी हिंदी पढ़नी और लिखनी सिखा दी गई। बड़ी बेटी की हिंदी प्रवेशिका वह पढ़ लेती थी और अक्षरों को जोड़-जोड़कर वह लिख भी लेती थी। आज का युवा जैसी हिंदी मोबाइल में लिखता है, उससे शुद्ध हिंदी लिखनी विद्या को आ गई थी।

मोहन ने चंडीगढ़ आकर अपना लाइसेंस बनवा लिया और वह कचहरी जाने लगा। उसने भी कोर्ट में और वकीलों के साथ ही एक टूटी सी मेज-कुरसी चेन से बाँध ली। वकालत चलने लगी। रोटी का जुगाड़ हो गया और परिवार पैर जमाने लगा।

चंडीगढ़ में उस समय बहुत कम किस्तों पर मकान बनाने के लिए जमीन दी जाती थी, क्योंकि नए शहर को आबाद तो करना था। किस्त चाहे कम थी, पर उस समय पैसे भी कम ही हुआ करते थे। हाईकोर्ट के वकीलों की फीस भी केवल सैकड़ों में थी, हजारों में नहीं। जैसे-तैसे करके मोहन ने तीसरी बेटी पैदा होने से पहले चार सेक्टर में एक कनाल के मकान की पहली मंजिल बना ली। सभी भौतिक सुविधाएँ भी जुटा लीं। पाँच सदस्यों का पूरा

परिवार—चार अपने पाँवों पर चलकर और एक माँ के गर्भ में—अपनी कोठी में आकर रहने लगा। किराए के मकान के बाद अपने मकान में रहने का सुखद अनुभव इस परिवार को होने लगा। किराए का पैसा तो महीने के अंत में शून्य हो जाता है, परंतु मकान की किस्त की कीमत दुगुनी हो जाती है—ऐसा दंपति ने महसूस किया। अपने मकान में रहने का सुकून सा मिलने लगा।

यह परिवार बहुत ही अच्छा और संस्कारी था। दोनों बेटियाँ स्कूल जाती थीं। मोहन कोर्ट व विद्या घर का कामकाज करती। पता नहीं क्यों ऐसा लगता था कि इस बार बेटा पैदा होगा, परंतु यहाँ आने के बाद तीसरी बेटी ने जन्म लिया। नए मकान की खुशी कुछ फीकी सी लगने लगी। मोहन उदास रहने लगा। उसने अपने नए मकान में ऑफिस तो कई पीढ़ियों को ध्यान में रखकर ही बनाया था। बेटियाँ ब्याह कर अपने ससुराल चली जाएँगी। यदि बेटा होता तो वह उसके काम में हाथ बँटाता और लाइब्रेरी भी काम आ जाती। तीन-तीन बेटियाँ होने का कारण मोहन स्वयं को मानता था और था भी ठीक। लिंग निर्धारण में पुरुष की ही मुख्य भूमिका होती है। विद्या अपनी दिनचर्या में व्यस्त रहती। उसके पास ज्यादा सोचने का वक्त नहीं था और न ही सोचना उसकी फितरत थी।

जो कुछ भगवान् ने दिया, स्वीकारा और आगे चल दिए। मोहन प्रत्येक शनिवार बारी-बारी से जालंधर, लुधियाना या होशियारपुर जिला अदालतों में जाया करता। जिला अदालत के फैसले के बाद ही तो केस हाईकोर्ट आते हैं। इन अदालतों में वकीलों के कुछ जुगाड़ होते हैं। कुछ काम कमीशन पर और कुछ प्रतिशत आधार पर निचली अदालतों से हाईकोर्ट आता है। मोहन भी इसी सिलसिले में इन अदालतों में जाया करता। वहीं पर वह एक महिला वकील संतोष के संपर्क में आया। दोनों में नजदीकियाँ बढ़ीं और इन संबंधों ने कार्यक्षेत्र से व्यक्तिगत क्षेत्र में पदार्पण कर लिया। मोहन तो रविवार से ही शनिवार की प्रतीक्षा करने लगता। अब वह जालंधर सप्ताह में दो-तीन चक्कर लगाने लगा। उसे सभी जगह हरा-हरा दिखाई देने लगा। चंडीगढ़ से जालंधर

की दूरी बहुत कम हो गई। मोहन के लिए चंडीगढ़ में विद्या और जालंधर में संतोष उपलब्ध रहती। दोनों ही मोहन से बहुत प्यार करतीं। उनके लिए वह एक आदर्श पति बना रहा। विद्या को कभी तनिक भी संदेह नहीं हुआ।

कुछ समय बाद संतोष ने बेटे को जन्म दिया। शक्ल-सूरत में बिल्कुल अपने पिता जैसा। विद्या और संतोष एक-दूसरे के बारे में कुछ नहीं जानती थीं। मोहन ने किसी को कुछ नहीं बताया। वह दोनों का पति बना रहा और उन दोनों को उसका खुश रहना अच्छा लगता।

समय बीतता गया। तीनों लड़कियाँ ब्याह कर अपने घर चली गईं। मोहन के गले में हलका-हलका दर्द रहने लगा। धीरे-धीरे यह दर्द इतना बढ़ गया कि थूक घूँटना भी मुश्किल हो गया। अस्पताल जाकर पता चला कि वह कैंसर रोग से पीड़ित है और कैंसर भी अंतिम स्थिति तक पहुँच चुका था। मृत्यु को आया सुनकर मोहन अंतिम बार संतोष और अपने पुत्र से मिलने जालंधर गया। कुछ महीनों के लिए व्यस्तता का बहाना बनाकर नम आँखों से अस्पताल लौट आया।

डॉक्टरों ने उस गाँठ को जलाने के लिए विकिरण-चिकित्सा का सहारा लिया। गाँठ चाहे थोड़ी कम हुई, परंतु मोहन की आवाज चली गई। वह बहुत कमजोर हो गया था। जब भी कोई उसका हाल पूछने अस्पताल आता तो मोहन की आँखें नम हो जातीं। वह कुछ बोल नहीं पाता, आँखों के आँसू ही उसका हाल बयान कर देते। अपनी मृत्यु उसे समक्ष दिखाई देती। विद्या रात-दिन पति की सेवा में मुस्तैद रहती। वह उसके लिए पति परमेश्वर था। उससे बाहर उसकी दुनिया नहीं थी।

एक रात मोहन ने मृत्यु निकट आया देखकर विद्या से संतोष से संबंधों की सारी कहानी लिखकर बता दी। वह चुपचाप पढ़ती रही। इस कहानी में विद्या की कोई भूमिका नहीं थी। रात और गहराने लगी। ऐसी स्थिति में वह पति को कुछ कह भी नहीं सकती थी। काले बादलों से आच्छादित सुबह हुई। सूर्य कहीं दिखाई नहीं दे रहा था। विद्या ने नहा-धोकर सफेद दुपट्टा ओढ़

लिया। वह सधवा ही इस दुनिया से जाना चाहती थी। पर बहुत-कुछ अपने हाथ में नहीं होता।

'लाभ-हानि, जीवन -मरण, यश-अपयश विधि हाथ'

मानस की इस अधूरी चौपाई को याद कर विद्या ने अपने आप को सँभाला। मेरा नहीं तो मेरे पति का तो बेटा है और फिर वंश भी तो पुरुष से ही चलता है। विद्या सब्र का घूँट पी गई। इस बात का पता लगने के लगभग दो महीने बाद मोहन की मृत्यु हो गई। संतोष भी बेटे को लेकर श्मशान घाट पहुँची। परिवार में यानी बेटियों में बात खुल चुकी थी, परंतु रिश्तेदारों में अभी परदा था। बड़े नाती ने चिता को अग्नि दी। संतोष का बेटा भीड़ में खड़ा पिता की जलती हुई चिता को देखता रहा। विद्या को कभी एक, कभी दूसरी बेटी अपने साथ ले जाती। मकान को ताला लगा दिया गया। बेटियों के पास रहना विद्या को अच्छा नहीं लगता था। कोई और चारा भी तो नहीं था। समय लड़खड़ाता सा चलने लगा। खाली मकान भूतबँगले बन जाते हैं। चंडीगढ़ वाली कोठी का भी यही हाल हो गया—सुनसान, साएँ-साएँ करती। सजावट के लिए लगाए पेड़-पौधे बीहड़ जंगल बन चुके थे, जहाँ पैर रखने में भी डर लगता था। बूढ़ी माँ क्या करे? माँ-बेटियों ने एक योजना बनाई। संतोष व उसके बेटे को एक किराएदार की हैसियत से कोठी सँभाल दी। बूढ़ी माँ भी वहीं रहने लगी। बेटा विश्वविद्यालय में वकालत की पढ़ाई करता और उसकी माँ संतोष हाईकोर्ट में प्रैक्टिस करती। विद्या घर में रहकर नौकर-चाकरों से काम करवाती। अब यह मकान विद्या का था और संतोष तथा उसके बेटे ने इसे घर बना दिया। समय गहरे घावों को भी भर देता है और जब दो प्राणी इकट्ठा रहने लगते हैं तो उनमें प्यार भी हो ही जाता है। जिंदगी पटरी पर लौट आई। लौट क्या आई, भागने लगी।

मोहन चाहे चला गया, पर उसकी विरासत को सँभालनेवाले दो लोग इस घर में पैर जमा चुके थे। कोई रुकावट भी नहीं थी। यह लोग इस घर में तब लाए गए, जब कोई और विकल्प नहीं था। बेटे की वकालत पूरी हो चुकी थी।

माँ के साथ वह भी कोर्ट जाने लगा। परंतु विश्वविद्यालय की छात्र राजनीति में ऐसा फँसा कि वहाँ एक लड़की तो गले पड़ी ही, पर स्वयं भी वहाँ से जान गँवाकर ही लौटा।

आज उसी की बहू रमा ने बेटे को जन्म दिया है। जैसे भी हो, वंश तो चल ही पड़ा। कभी-न-कभी तो दादा का बड़ा सा ऑफिस व लाइब्रेरी काम आएगी। तीन विधवाएँ जड़ पकड़े उस कोठी में बैठी थीं। वे तो धरती हैं, चलकर कहाँ जाएँगी? भटकाव तो मोहन या पांडु में ही आया, वे तो कुंती या माद्री बनी वहीं ठहरी रहीं। पुरुष ने जो भी बीज रोपा, उसे अंकुरित किया, पाला-पोसा, बड़ा किया व एक परिवार, घर, कुल या समाज को सँभाल दिया। उन्होंने तो अपनी जिम्मेदारी बड़ी ईमानदारी से निभाई, इसमें तो दो राय नहीं।

स्वयं को पांडु की मृत्यु का कारण मानकर माद्री तो पति के साथ ही सती हो गई। किसी माँ को तो पीछे रहना था! फिर महाभारत में पांडव 'पांडुपुत्र' रहे, परंतु कर्ण 'कौन्तेय'। क्यों?

आखिर आम गिर गया

समासाद्य कुरुक्षेत्रं ता स्त्रियो निह तेश्वराः।
अपश्यन्त हतांस्तत्र पुत्रान् भ्रातद्यन् पिततद्यन् पतीन्
क्रव्यादैर्भक्ष्यमाणान् वै गोमायुवलवायसैः।
भूतैः पिशाचै रक्षो भिर्विविधैश्रव निशाचरैः॥ 12॥

कुरुक्षेत्र में पहुँचकर उन अनाथ स्त्रियों ने वहाँ मारे गए अपने पुत्रों, भाइयों, पिताओं तथा पतियों के शरीरों को देखा, जिन्हें मांसभक्षी जीव-जंतु, गीदड़ समूह, कौए, भूत, पिशाच, राक्षस और नाना प्रकार के निशाचर नोच-नोचकर खा रहे थे॥ 21॥

—षोडशोऽध्याय, स्त्रीविलापपर्व

स्त्रीपर्व

बौराया आम फाल्गुन की हवा के झोंके से ही धड़ाम से जमीन पर गिर पड़ा। जड़ें तो दीमक ने खाई पड़ी थीं। शुक्र है, आँगन में बैठी बुढ़िया बच गई। जरा सी टहनी भी यदि बुढ़िया पर गिर जाती तो बहुत मुश्किल हो जाती। भीता अपनी टूटी सी साइकिल पर बिठाकर उसे शहर के कितने अस्पतालों में धक्के खाता? बूढ़ी हड्डियाँ अपने स्थान पर तो दुबारा जुड़तीं भी नहीं। भीते ने यह आम उस दिन लगाया था, जब उसे अपनी पत्नी पम्मी के गर्भवती होने की बात पता चली थी। बड़े प्यार से वह उस पौधे की देखभाल करता। सोचता, बेटा हो या बेटी, आम तो सभी बच्चों को ही अच्छे लगते हैं। जब तक बच्चे बड़े होंगे, आम को भी फल लगने लगेंगे। भीते का पिता पूरा पियक्कड़ था। भीता जब बड़ा होने लगा तो उसने सारे अवगुण अपने पिता से विरासत में पाए। उसने अभी जवानी की प्रथम सीढ़ी पर कदम रखा ही था कि वह पीकर रास्ते में आती-जाती लड़कियों पर फब्तियाँ कसता, मूँछों को ताव देता और कई बार लोगों से बिना बात की ही गाली-गलौज भी करता। इन्हीं हरकतों के लिए वह कई बार पिट भी चुका था।

माता-पिता ने जमीन देखकर पम्मी की शादी भीते से कर दी थी। घर में सास-ससुर और भीते का एक छोटा भाई था, जो दो-तीन वर्ष पहले सेना में भरती हो गया था। छोटा सा परिवार था और अच्छी-खासी जमीन। और क्या चाहिए लड़कीवालों को? परंतु लड़की को क्या चाहिए, यह किसी ने पम्मी से नहीं पूछा। नशे की लत के कारण भीते का शरीर व घर दोनों खोखले हो चुके थे। नशा उसे दीमक की तरह चाट रहा था। नशेड़ी पिता उम्र से पहले ही चल बसा। जमीन अपने आप तो किसी के आगे थाली परोसकर नहीं लाती। वहाँ तो मिट्टी के साथ मिट्टी बनना पड़ता है। पर भीते का शरीर किसी काम का नहीं रह गया था। घर में दो समय की रोटी जुटाना भी मुश्किल हो गया था। सास-बहू क्या करें? बुढ़िया बोल-बोल के हाँफने लगती, पर भीता एक न सुनता। घर में हर रोज महाभारत होती। भीता अपनी पत्नी पर हाथ भी उठा लेता और दो ठोकर बुढ़िया को भी मार देता। दोनों नाक-कान से खाली हो चुकी थीं। माँ के पास तो कोई विकल्प था नहीं और पम्मी अपनी किस्मत को कोसते हुए

दिन गिनने लगी। एक दिन जब उसका देवर दो महीने की छुट्टी पर सेना से घर आया तो कोई विकल्प न देखकर पम्मी अपने देवर के साथ ही चली गई।

देवर को एक क्वार्टर मिला हुआ था। पम्मी वहीं रहने लगी और भीते के बेटे को भी वहीं जन्म दिया। बेटे के बाद देवर से पम्मी को दो बेटियाँ हुईं। कुछ परिवारों में ऐसा चलता है और समाज भी इन रिश्तों को स्वीकृति दे देता है। तीनों बच्चों के पिता के नाम के कॉलम में भीते का नहीं, बल्कि देवर का नाम लिखवा दिया गया। किसी को कोई आपत्ति नहीं हुई। घर की इज्जत घर में ही रही, कम-से-कम बाहर तो नहीं चली गई। चाहे भीते का घर उजड़ चुका था, परंतु इस विषय में सोचनेवाला कोई नहीं था। तीनों बच्चे बड़े हो गए। आर्मी के अच्छे स्कूल में पढ़ रहे थे। गाँव से बेहतर सुविधाओं में पल-बढ़ रहे थे और सबसे बड़ी बात तो यह थी कि दादा से भीते तक आई नशे की लत से बचे हुए थे। बड़े जमींदार के नशेड़ी बेटे को ब्याही पम्मी के बेटे की बहनें सौतेली बहनों के जैसी नहीं थीं। पिता चाहे दो अलग-अलग आदमी थे, परंतु माँ तो एक ही थी। और फिर जब पति-पत्नी केवल नारी-पुरुष बन जाएँ तो इन संबंधों के वैध-आकर्षण की गोपनीयता चरित्र नहीं, बल्कि मनुष्य के रक्त का जन्मजात स्वभाव बन जाता है और ऐसे संबंधों की बाय-प्रोडक्ट को भी अपनी संतान का स्थान मिल जाता हैं।

लेकिन आज भीते के घर के सामने फौजी गाड़ी देखकर सारा गाँव इकट्ठा हो गया। भीता घर में नहीं था। भीते की मलकियत एकमात्र पुत्र को कंधा लगाकर भीते के सूने व उजड़े आँगन में लिटाया गया।

तिरंगे में लिपटा बीस-बाईस वर्ष का जवान सोया पढ़ा था। उसकी पहली पोस्टिंग सीमा पर हुई थी। दुश्मनों की गोली छाती पर खाकर शहीद हो गया। भीते को इन बातों का कुछ नहीं पता था। वह लड़खड़ाता हुआ अपनी टूटी की साइकिल पर शहर से आया और अपने घर के सामने एकत्र भीड़ को देखकर घबरा गया।

भीता तिरंगे में लिपटे अपने बेटे की लाश को आँखें फाड़-फाड़कर देखने लगा। पिता ने अर्धविक्षिप्तावस्था में पुत्र की लाश से तिरंगा हटा दिया। वह अपने पुत्र के शरीर को सहलाने लगा—

"सौरिया मैं तां अज्ज तक तेरी देह नूँ वी चंगी तराँ नाल ना वेखेया।"

यह कहकर भीता बेहोश होकर एक तरफ गिर पड़ा। पहले भी वह कई-कई दिन तक नशे की हालत में ऐसे ही गिरा रहता था। बूढ़ी माँ की पथराई सी आँखें इस दृश्य को देखती रहीं। एक तरफ भीते का बेटा लेटा था और दूसरी तरफ आँगन में आम का पेड़ धराशायी पड़ा था। एक को दुश्मनों की गोली खा गई और दूसरे को दीमक। पम्मी एक तरफ खड़ी उस दिन को याद करके रोती रही, जिस दिन गर्भ में लेकर इस बच्चे को वह इस आँगन से बाहर निकली थी या जिस दिन उसने सीमा का अतिक्रमण किया था। यदि वह उस दिन सीमा न लाँघती तो शायद सभी कुछ बच जाता—घर, भीता, बेटा और यह आम का पेड़ भी।

क्या मैं महाभारत के युद्ध का कारण या कौरव वंश के विनाश का कारण केवल पांचाली को ही मानूँ? हरगिज नहीं! क्या उस वंश को दीमक पहले से नहीं खा रही थी? यह जहर तो कई पीढ़ियों पहले ही फैल चुका था। बहुत से कारण व संयोग मिल जाते हैं, जब किसी परिवार या समाज का ऐसा अंत होता है।

> ***जब सत्यवती के पिता ने देवव्रत को नकारकर अपनी बेटी के पुत्रों के लिए हस्तिनापुर की माँग रखी, क्या युद्ध के बीज उसी दिन धरती में नहीं बो दिए थे? क्या द्रौपदी के कुरू परिवार में आने से पहले ही तो उस वंशवृक्ष को दीमक ने खोखला नहीं कर दिया था? कुंती, गांधारी या द्रौपदी के पास इस विनाश को रोकने का क्या कोई विकल्प शेष रह गया था?***

रक्षित या आरक्षित

कृष्णेन सहितात् को वै नव्यथेत धनञ्जयात्।
कोऽद्य भीतं न माँ विद्यात् पार्थानां समितिं गतम्॥ ९॥

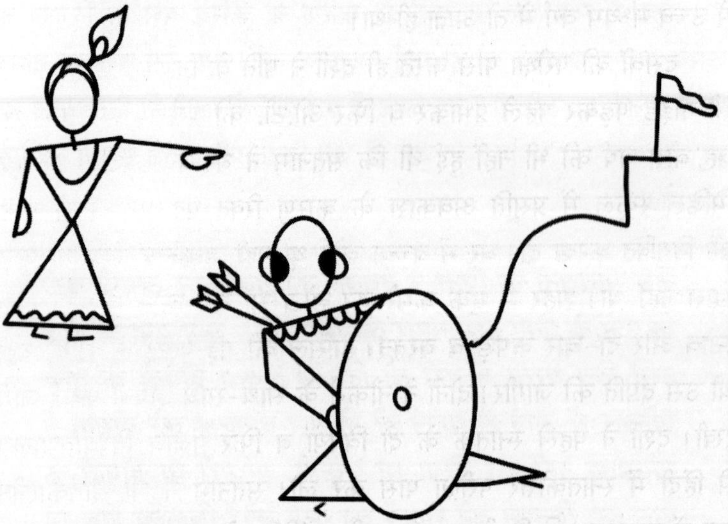

"श्रीकृष्ण के साथ मिले हुए अर्जुन से आज कौन वीर भय मानकर पीड़ित नहीं होता? यदि इस समय मैं पांडवों की सभा में सम्मिलित हो जाऊँ तो मुझे कौन भयभीत नहीं समझेगा?"॥ ९॥—कर्ण

—षट्चत्वारिंशदधिकशततमोऽध्याय, भगवद्यानपर्व

उद्योगपर्व

दर्शी की शादी को सोलह वर्ष हो आए। भगवान् ने उसकी गोद अभी तक सूनी ही रहने दी। इधर-उधर बहुत भटकी। धागे-ताबीज, साधु-संत व डॉक्टरी इलाज सभी कुछ किया, परंतु परिणाम शून्य ही रहा। जब दर्शी ब्याह कर आई थी, तब उसका दसवीं कक्षा का परिणाम भी घोषित नहीं हुआ था। वह पटवारी की बेटी, चार भाइयों की अकेली बहन और शिक्षा निर्देशालय में क्लर्क पति की पत्नी थी। दर्शी का पति सतनाम शैक्षिक विभाग के सभी दाँव-पेंच जानता था। दर्शी ने दसवीं दूसरे दरजे में पास की। दर्शी के समाज में रक्षित जाति के बच्चों द्वारा दूसरे दरजे में पास परिणाम को आरक्षित जाति के पचानवे प्रतिशत अंक लेकर पास हुए बच्चों से भी अव्वल गिना जाता था। मायका और ससुराल परिवार क्रीमी लेयर तो नहीं था, पर अपनी रक्षित श्रेणी में उच्च मध्यम वर्ग में तो आता ही था।

दसवीं की परीक्षा पास करते ही दर्शी ने पति के निर्देशन में एक मोटी सी गाइड पढ़कर पहले प्रभाकर व फिर ओ.टी. की परीक्षा पास कर ली। वह बीस वर्ष की भी नहीं हुई थी कि सतनाम ने घर के नजदीक ही एक मिडिल स्कूल में प्रसूति अवकाश के कारण रिक्त पद पर अपनी पत्नी की नियुक्ति करवा दी। घर में बच्चा कोई था नहीं, इसलिए काम भी कुछ खास नहीं था। शहर में एक कमरे का छोटा सा घर, कोने में पड़ा हुआ स्टोव और दो-चार कपड़े व बरतन। हासिल की गई पढ़ाई के साथ, यही थी उस दंपति की जागीर। दोनों ने नौकरी के साथ-साथ अपनी पढ़ाई जारी रखी। दर्शी ने पहले स्नातक के दो विषयों व फिर पंजाब विश्वविद्यालय से हिंदी में स्नातकोत्तर परीक्षा पास कर ली। सतनाम ने भी सायंकालीन सत्र में वकालत की डिग्री पास कर ली। ऑफिस में समय पर आना-जाना कोई आवश्यक तो था नहीं। सतनाम बड़े आराम से पढ़ने व कॉलेज जाने के लिए समय निकाल पाता। जब तक दर्शी आराम करके रात का खाना बनाती, सतनाम साइकिल के पैडल मारते घर पहुँच जाता। पति-पत्नी शांति से खाना खाते व आराम से सो जाते। सुबह फिर वही दिनचर्या शुरू हो जाती। नौकरी, पढ़ाई व घर का काम। दोनों थे बहुत ही हिम्मती। और तो

और, वकालत के बाद सतनाम ने प्राइवेट एम.ए. राजनीतिक शास्त्र में भी पास कर ली। दर्शी पहले तदर्थ और फिर पक्की सरकारी नौकरी में स्थायित्व प्राप्त कर चुकी थी। फिर उसकी पदोन्नति उच्चतम माध्यमिक विद्यालय में प्राध्यापिका के पद पर हो गई व सतनाम शिक्षा विभाग में लॉ ऑफिसर का काम सँभालने लगा। कुछ समय बाद जब कॉलेज में प्राध्यापक की पोस्ट विज्ञापित हुई तो सतनाम वहाँ स्थानांतरित हो गया व अब वह छात्रों को राजनीति पढ़ाने लगा था।

पद और पैसे के हिसाब से दोनों क्रीमी लेयर में आ चुके थे, परंतु चिंता इस बात की थी कि क्रीम से मक्खन भी किसके लिए बनाया जाए? दोनों परिवारों में गणित व अंग्रेजी विषयों के साथ दसवीं किसी भी बच्चे से पास नहीं हुई थी। औलाद की कमी निरंतर अखरती रहती। सतनाम दर्शी से आठ-दस वर्ष बड़ा था और दर्शी भी अब तीस पार कर चुकी थी। सतनाम के एक दोस्त ने सुझाव दिया कि अब उन्हें कोई बच्चा गोद ले लेना चाहिए और वह कई ऐसी संस्थाओं को जानता भी है, जो यह पुण्य का कार्य करती हैं। बच्चे तो दोनों परिवारों में भी कई थे, परंतु अब पति-पत्नी को वे अपने स्तर से बहुत नीचे लगने लगे थे। दोस्त के मार्गदर्शन में दंपति ने शिमला जाकर किसी संस्था में बच्चा गोद लेने की सारी औपचारिकताएँ पूरी कर दीं। वहाँ पर बच्चे बारी आने पर ही दिए जाते थे। क्रमानुसार चाहे लड़का हो या लड़की, उसमें गोद लेनेवाले अभिभावकों का कोई हस्तक्षेप स्वीकार्य नहीं होता, परंतु सतनाम लड़का चाहता था। वैसे भी वहाँ पर अभी चार-पाँच वर्ष बच्चा मिलना संभव न था। माँगनेवालों की सूची बहुत लंबी थी।

गरमी की छुट्टियों में पति-पत्नी दोनों अपने गाँव चले गए। सतनाम को वहाँ अपने स्कूल का दोस्त भास्कर मिला। भास्कर गाँव के पुरोहित का लड़का था। पिता के साथ पुरोहिताई के काम में उसकी कोई दिलचस्पी नहीं थी। फिर पिता इस जन्म में तो अपने परिवार का कोई हित कर नहीं सका, दूसरे जन्म में किसी का हित करने की क्या गारंटी थी? भास्कर ने स्नातक करने के बाद अपने गाँव से थोड़ी दूर कस्बानुमा गाँव में डॉक्टर की

दुकान खोल ली थी। उसने विभिन्न रोगों के इलाज की बसों में बिकनेवाली नुस्खों की पुस्तिका पढ़ रखी थी। अब तो वह उसे कंठस्थ भी हो चुकी थी। उसकी दुकान अच्छी चलती थी। समय-सीमा तय कर चुकी एक छकड़ा सी मारुति भी उसके पास थी। बात तो नीम-हकीम खतरे जान वाली ही थी, पर किसी-किसी के हाथ में यश पाने की रेखा काफी गहरी होती है।

झोलाछाप भास्कर डॉक्टर को जब पता चला कि सतनाम के पास कोई औलाद नहीं है तो उसने अपनी गोल-गोल आँखें ऐसी गोलाई में घुमाईं, मानो उसे सतनाम की शून्यता को भरने की कोई युक्ति सूझ गई हो। भास्कर की दुकान किसी क्षत्रिय परिवार के मकान में थी। उनकी सत्रह वर्ष की लड़की के साथ भास्कर के बहुत नजदीक के संबंध थे, या कहें कि चक्कर था। बात तो एक ही है। वर्ग विशेष का अपना-अपना कहने का ढंग होता है। इसी चक्कर में वह लड़की गर्भवती हो गई थी। भास्कर ने ठान लिया कि वह गर्भ नहीं गिराने देगा। वह जान गया था कि पति-पत्नी अच्छा कमाते हैं। उसका बच्चा ठीक से पढ़ लेगा और वह एक पाप से भी बच जाएगा। उसने सोचा कि इसे अपने दोस्त सतनाम को दे दूँगा। योजना सफल हुई। बेऔलाद दंपति को बेटा मिल गया। नाजायज बेटा जायज बन गया। माता-पिता जायज हैं या नाजायज, कोई नहीं पूछता। रिकॉर्ड में माता-पिता का नाम दर्शी—सतनाम व बेटे का नाम कबीर लिखा गया। दोनों गोद भरकर शहर लौट आए।

भगवान् ने छप्पर फाड़कर बहुत-कुछ दे दिया। दर्शी को छह महीने का अवकाश व फिर दो वर्ष बच्चे की सँभाल के लिए छुट्टी मिल गई। वह निश्चिंत होकर अब तक सूरदास द्वारा लिखा समस्त साहित्य अपने आँगन में चरितार्थ होते देखने लगी। दर्शी की छाती में दूध उतर आया। उसका मातृत्व संतुष्ट होने लगा। ममता वर्षों से बने बाँध के ऊपर से बहती नदी की तरह सीमा का अतिक्रमण कर गई। बेटे के तीन वर्ष बाद घर में एक बेटी वाणी ने जन्म ले लिया। परिवार संपूर्ण हो गया। सुरक्षित सुविधायुक्त परिवार व अच्छे वातावरण में दोनों बच्चे पलने लगे। बड़े हुए, स्कूल जाने

लगे। वाणी कबीर की अपेक्षा बहुत चंचल थी। कबीर से पहले ही वह माता-पिता को अपने सभी कामों का ब्योरा देकर अपने नाम को सार्थक कर देती। पढ़ाई में दोनों बच्चे अव्वल चल रहे थे। वाणी अभी स्कूल में ही थी, जब कबीर ने स्थानीय कॉलेज में दाखिला ले लिया। दर्शी और सतनाम भी उसी कॉलेज में प्रोफेसर थे। दर्शी हिंदी व सतनाम राजनीतिक शास्त्र का संपूर्ण ज्ञाता था। कबीर भी मेधावी छात्र तो था ही, साथ ही जिसके माँ बाप उस कॉलेज के स्तंभ हों, फिर तो बात ही कुछ और होती है। कबीर सूर्य की तरह चमकने लगा। शैक्षिक क्षेत्र व अन्य गतिविधियों में वह हमेशा प्रथम पंक्ति में खड़ा दिखाई देता। अपनी मेहनत और सुशिक्षित वातावरण से ही रक्षित था तथा उसे किसी और सहारे की आवश्यकता नहीं थी। वह तो अपने दम पर ही दौड़ता चला जा रहा था।

सन् 1990 में शैक्षिक संस्थाओं में भी मंडल कमीशन की दीमक ने रास्ता बना लिया। कबीर का पिता सतनाम स्वयं इन राजनीतिज्ञों के सभी दाँव-पेंच जानता था। उसने बेटे को बहुत रोका, परंतु वह नहीं माना। बच्चे इन बातों के पीछे के स्वार्थ को नहीं समझ पाते और उनके लिए ऐसी राजनीति बहुत घातक सिद्ध होती है। वे बच्चे, जो अभी अपने पाँव पर भी खड़े नहीं हुए थे, माँ-बाप की छाया में ही थे, वे आरक्षित से रक्षित बन बैठे। सारा कॉलेज दो भागों में बँट गया—आरक्षित व रक्षित। आरक्षित वर्ग को प्रचारित-प्रसारित कानून रक्षित व रक्षित वर्ग को अपने विरुद्ध लगने लगा। किशोरावस्था में बच्चों को यह बातें कितनी समझ में आती हैं कितनी नहीं, नहीं मालूम। समझनेवाले जानें या समझानेवाले। खाई की दरार पाटने का दावा करनेवाले नेताओं ने ही इस खाई को और चौड़ा कर दिया। रक्षित वर्ग के बली रजिस्टर में कबीर ने अपना भी नाम लिखवा दिया। जो भी आरक्षित थे, वे रक्षित बन बैठे। कबीर ने अपनी बारी आने पर अपनी बलि दे दी। माँ-बाप पीछे अपनी छाती पीटते रहे गए।

कबीर दर्शी का नहीं रहा, न ही कर्ण कौन्तेय बना। उसने अपनी राह चली। वह सूर्यपुत्र आसमान में सूर्य की किरणों में जाकर सूर्य की गोद में

जा बैठा और साकार हो गया। कुंती धृतराष्ट्र व गांधारी के साथ वन की राह पर चल पड़ी।

> ***क्या कर्ण के जीवन में कुंती या राधा की भूमिका शून्य हो गई? क्या कारण था कि कर्ण अंत तक 'राधेय' बनकर भी 'कौन्तेय-पथ' पर चलता रहा? यदि कर्ण दुर्योधन का साथ छोड़ देता तो शायद यह 'विनाश' होता ही नहीं!***

दूसरा पक्ष

तस्यमानात्मजान् देहं भार्यो च सुमहात्मनः।
स्वराष्ट्रं गृह्य गच्छामो धर्म एष छि नः स्मृतः ॥ 4 ॥

उनके इन पुत्रों को, पांडु और माद्री के शरीरों की अस्थितियों को तथा उन महात्मा नरेश की महारानी कुंती को लेकर हम लोग उनकी राजधानी में चलें; इस समय हमारे लिए यही धर्म प्रतीत होता है ॥ 4 ॥

—पञ्चविन्शत्यधिकशततमोऽध्याय, संभवपर्व

आदिपर्व

रत्ना माता-पिता की बड़ी बेटी थी। एक बहन और भाई, दोनों बहनों से छोटा। कस्बाई मध्यवर्गीय परिवार। नौकरी-पेशा पिता, रहने के लिए अपना मकान और घर में माँ। तीनों बच्चे पढ़ाई में मध्यम दर्जे के। सामान्य वर्ग के मध्यम दर्जे के बच्चों के लिए सरकारी नौकरियाँ भारत में नहीं हैं। वे या तो मजदूरी करें, जो अकसर उनसे होती नहीं है या पढ़ाई के बहाने विदेश चले जाएँ। चाहे वे वहाँ पर भी मजदूरी ही करते हों, पर जान-पहचानवाला वहाँ उनको कोई देखता नहीं है। रत्ना के भाई को भी उसके पिता ने सेवानिवृत्ति पर मिले पैसों से पढ़ने के बहाने विदेश भेज दिया। वह आज तक लौटकर नहीं आया। शेष पैसों से बड़ी बेटी रत्ना की शादी कर दी। लड़का अच्छा मिल गया था। इंजीनियरिंग तो नहीं की हुई थी, डिप्लोमा ही कर पाया था, परंतु अच्छी कंपनी में नौकरी करता था। सभी कुछ अच्छा चल रहा था।

छोटी बहन चेतना ने बी.ए. के बाद एम.ए. में दाखिला ले लिया। बेटे को विदेश गए तीन साल होने को आए थे, परंतु उसने एक कौड़ी भी घर नहीं भेजी थी। पिता के पास जो थोड़ा-बहुत बैंक में पैसा था, वह रोज के खर्चों के लिए निकलता रहता। यदि वर्षा न हो तो रोज-रोज पानी निकालने से तो कुआँ भी खाली हो जाता है। चल-अचल संपत्ति के नाम पर एक-दो कमरों का मकान ही था, जिसमें यह परिवार रहता था। चेतना एम.ए. छोड़कर एक प्राइवेट स्कूल में पंद्रह सौ रुपए पर नौकरी करने लगी व शाम को चार-पाँच बच्चों को घर पर ट्यूशन पढ़ा लेती। इस तरह से वह अपना खर्चा तो निकाल ही लेती थी। धीरे-धीरे घर की स्थिति बिगड़ती जा रही थी और फिर घर में जवान लड़की कुँवारी बैठी थी। माँ-बाप को यह बात घुन की तरह खा रही थी। बेटे को पढ़ाई के बहाने पैसे कमाने के लिए बाहर भेजा। यह योजना असफल हुई। और सभी कुछ योजना अनुसार ही हो, यह जरूरी तो नहीं। वैसे भी आदमी को प्रत्येक काम का दूसरा पक्ष भी सोचना चाहिए और उसकी भी गुंजाइश रख लेनी चाहिए।

रत्ना कुछ दिनों के लिए मायके आई। माँ ने अपनी चिंताओं व दुःख-दर्द की सारी गठरी बेटी के आगे खोल दी। बेचारी माँ किसके सामने अपने

मन की बात करे, और फिर ब्याही बेटी से बड़ा हमराज तो कोई हो ही नहीं सकता। माँ की दुविधा सुनकर रत्ना ने कहा, "माँ, मैं चेतना को अपने साथ ही ले जाती हूँ। घर के नजदीक ही विभिन्न प्रतियोगी परीक्षाओं की तैयारी करवानेवाली संस्थाएँ हैं। इसे वहाँ दाखिला दिलवा दूँगी। संभव है कि परीक्षा देकर किसी बैंक आदि में नौकरी लग जाए। कुछ पैसा कमा लेगी और फिर इसकी शादी कर देंगे।"

यह बात सुनकर ही मानो माँ बाप के सिर से बहुत सा भार हलका हो गया। कुछ बातें कहने-सुनने में बहुत राहत देती हैं, परंतु सही निकलें या ढंग से निभ जाएँ, यह जरूरी नहीं। परीक्षा की तैयारी से लेकर शादी तक एक सुंदर जवान कुँवारी लड़की को तन व मन के स्तर पर क्या कुछ झेलना पड़ सकता है या क्या कुछ घटित हो सकता है, इस बात के विषय में किसी ने तनिक भी विचार नहीं किया। रत्ना ने अपने पति मदन को फोन पर सारी योजना बताई और माता-पिता की सहमति से मदन दोनों बहनों को साथ लेकर शहर अपने घर लौट आया। उस समय रत्ना पाँच महीने के गर्भ से थी।

चेतना दो घंटे ट्यूशन पढ़ने जाती, घर का सारा कामकाज सँभालती और बहन-जीजा का पूरा ध्यान रखती। बहन की तबीयत वैसे भी इन दिनों ठीक नहीं रहती थी। डॉक्टर ने पूरे दिन आराम करने की हिदायत दी थी। सुबह की चाय से लेकर रात के दूध, फिर सोने से पहले रत्ना की हाथ-पाँव की मालिश तक का सारा काम चेतना खुशी-खुशी निभा रही थी। मदन की खाने-पीने की सारी आदतों के विषय में रत्ना ने चेतना को समझा दिया था और वह पूर्णत: बहन के निर्देशों का पालन करती।

ज्यों-ज्यों बच्चे के जन्म का समय समीप आ रहा था, रत्ना का स्वास्थ्य अधिक खराब रहने लगा। हाथ-पाँव उपले की तरह उभर आए थे। दो कदम चलना भी कठिन था। जब भी उसे अस्पताल ले जाना होता तो मदन चेतना को भी साथ ले जाता। अस्पताल में बहुत भागदौड़ करनी पड़ती है। मदन को यदि ऊपर-नीचे जाना पड़ता तो चेतना बहन का ध्यान रखती। अस्पताल आने-जाने के चक्कर में रत्ना को गाड़ी में बिठाते हुए एक दिन मदन ने जाने-

अनजाने चेतना का हाथ पकड़ लिया। वह सिर से पैर तक सिहर उठी। किसी पर पुरुष की छुअन का चेतना का यह पहला अनुभव था। वह सोचती, 'माँ तो कहा करती थी कि जीजा भी भाई जैसा ही होता है, पर इस स्पर्श में तो भाई-बहन के रिश्ते की पवित्रता जैसी कोई बात मुझे नजर नहीं आई!'

बात आगे बढ़ती गई और अब चेतना को जीजे का स्पर्श अनचाहा नहीं लगता, जब तक रत्ना ने एक बेटी को जन्म दिया, तब तक जीजा-साली का संबंध सभी सीमाओं का अतिक्रमण कर चुका था।

रत्ना की बेटी को पैदा होते ही पीलिया था और वह कमजोर भी बहुत थी। ऑपरेशन से इस बच्ची ने जन्म लिया था। रत्ना का सारा पेट टाँकों से सिला हुआ था। रत्ना की सास तो थी नहीं, इसलिए माँ को बुलाया गया। माँ बेटी रत्ना का ध्यान रखती तथा चेतना व मदन नन्ही सी गुड़िया को बचाने के लिए सारा दिन दौड़-धूप करते। लगभग दो महीने की भाग-दौड़ से सभी कुछ पटरी पर लौट आया। जच्चा-बच्चा दोनों ठीक थे।

माँ की अनुभवी नजरों ने इस दौरान जीजा-साली के रिश्ते की घनिष्ठता को भाँप लिया था। वह किसी से कुछ नहीं कह सकती थी। चुपचाप छोटी बेटी चेतना को लेकर अपने घर लौट आई। अब माँ-बाप को उसकी शादी की बहुत जल्दी थी। बैंक की नौकरी का स्वप्न तो बहुत पहले ही टूट चुका था। बहुत-कुछ पीछे छूट गया था। बूढ़े माँ-बाप क्या करें? खाता खाली हो चुका था। दामाद के आगे हाथ फैलाना अच्छा नहीं लगता था। वे जानते थे कि बहू के भाई व दामाद से सदैव परदा रखना चाहिए, वरना यह रिश्ते अकसर घर का परदा उठने पर गलत फायदा उठा लेते हैं। और रत्ना के माता-पिता तो पहले ही जहर का घूँट पिए बैठे थे। स्वयं भुक्तभोगी थे। कोई उपाय न सूझने पर उन्होंने अपना छोटा सा आशियाना बैंक के पास गिरवी रखकर कुछ पैसे जुटा लिये। इस पैसे से चेतना के हाथ पीले कर दिए। माता-पिता छोटे से गाँव में एक कमरा किराए पर लेकर रहने लगे। पहले तीज-त्योहार देने की जिम्मेदारी रत्ना ने सँभाली। मदन ने किसी भी बात का विरोध नहीं किया।

चेतना ससुराल परिवार में घुल-मिल नहीं रही थी। हर बात में वह अपने

पति की तुलना अपने जीजा से करती। उसका पहनना-ओढ़ना, चलना-फिरना, रहन-सहन सब उसे अपने जीजा की अपेक्षा कम लगता। घर में दो ननदें व एक सास थी। चेतना पूरे नौ महीने बाद एक बेटे की माँ बन गई। तेज-तर्रार तो चेतना पहले से ही बहुत थी, पर बेटा होने पर वह दो कदम और आगे बढ़ गई। बात-बात पर झगड़ा होने लगा। वह ससुराल परिवार के साथ नहीं रहना चाहती थी। चेतना अपनी जिद पर अड़ी थी। एक दिन दाल गलती न देखकर चेतना अपने बेटे को गोद में उठाए माँ की देहरी पर जा धमकी। बूढ़े माँ-बाप क्या करें? बेटी को कहाँ धक्का दें, कैसे मना करें? पति दो-तीन बार चेतना को लेने के लिए आया, माँ-बाप ने बहुत समझाया, परंतु चेतना नहीं गई। कोई कुछ नहीं कर पाया। पिता पहले से ही दमे के मरीज थे। भीतर-ही-भीतर घुलते-घुलते एक दिन ऐसी खाँसी शुरू हुई कि फिर साँस ही वापस नहीं आई। वे तो इन परेशानियों से छूट गए, पर माँ कहाँ जाए? उसके पास किसी समस्या का कोई समाधान नहीं था। आर्थिक स्थिति निरंतर बद से बदतर होती जा रही थी। कमरे का थोड़ा सा किराया देने के लिए भी पैसे नहीं थे। कहीं और सहारा न पाकर दोनों माँ-बेटी रत्ना के घर जा पहुँचीं। जो स्थिति चेतना के आने पर माँ-बाप की थी, वही हालत आज रत्ना की हो गई। बूढ़ी माँ को कैसे मना करे? भाई तो एक बार गया, उसने तो फिर किसी की खोज-खबर ही नहीं ली। उसे किसी से कोई वास्ता ही नहीं रहा। मदन को उनका आना तनिक भी नहीं अखरा। बेटी को साथ खेलने के लिए भाई मिल गया था और मदन के पास रत्ना तो पहले ही थी और अब चेतना अपने आप चली आई। और क्या चाहिए?

समय बीतता गया। माँ बूढ़ी होती चली गई। माँ की उम्र तो इतनी अधिक नहीं थी, परंतु दु:खों ने उसकी कमर तोड़ दी थी, दोहरी कर दी थी और एक दिन वह भी चल बसी। घर में रह गया एक पुरुष, दो औरतें और दो बच्चे। परिवार बड़ा हो गया था। खर्चे भी बढ़ गए थे। दोनों बच्चे भी स्कूल जाने लगे थे। मदन ने जुगाड़ लगाकर चेतना को भी अपनी ही कंपनी में फिट करवा लिया। दोनों इकट्ठे अपने ऑफिस जाते और एक साथ ही वापस घर लौटते।

दोनों बच्चों की पढ़ाई का खर्चा चेतना ने उठा लिया। दोनों बच्चे सगे भाई-बहन थे या सौतेले, यह प्रश्न तो बेमानी सा था। घर की गाड़ी पटरी पर दौड़ने लगी। रत्ना के मन पर क्या बीत रहा था या वह क्या सोच रही थी, इसकी परवाह किसी को नहीं थी। अब तो दोनों बहनें एक जैसी दिखने भी लगी थीं। चेतना फिर लौटकर ससुराल नहीं गई। शहर में किसी को किसी से कोई मतलब नहीं होता। कौन-किसके साथ रहता है, क्यों रहता है, किस रिश्ते से रहता है, किसी को क्या मतलब? इन बातों से वास्ता गाँव या छोटे कस्बों में ही होता है। अब तो वहाँ भी काफी कम हो गया है।

समय अपनी गति से चल रहा था, परंतु विधि का विधान कोई नहीं जानता। उसे तो कुछ और ही मंजूर था। रत्ना की बेटी का जन्मदिन था। शाम को घर वापस आते हुए मदन ने अपनी मोटरसाइकिल केक लेने के लिए बेकरी की दुकान की तरफ घुमाई ही थी कि पीछे से ट्रक ने टक्कर मार दी। दोनों मदन व चेतना वहीं ढेर हो गए। पहचान पाना भी मुश्किल था। रत्ना और दो बच्चों का अब क्या होगा? पांडु चला गया, माद्री भी साथ ही सती हो गई। पीछे रह गई कुंती अश्विनी कुमारों को सँभालने के लिए, पालन-पोषण करने के लिए। राजमहलों या जंगलों में दर-बदर भटकने के लिए या धक्के खाने के लिए—नहीं मालूम।

क्या पांडु और माद्री के क्षणिक अनियंत्रण ने संपूर्ण महाभारत की दिशा ही तो नहीं बदल दी? क्या सभी कर्तव्य जिम्मेदारी लेनेवाले के ही हिस्से में आते हैं और छोटों के हिस्से में केवल अधिकार? कुंती भी तो पांडु के साथ माद्री के स्थान पर हो सकती थी? या शायद दोनों में से कोई भी नहीं?

नासूर

त्वाज्येवं हतसुता निहतज्ञातिबान्धवाः।
स्त्रियः परिपतिष्यन्ति यथैता भरतस्त्रियः॥ 46॥

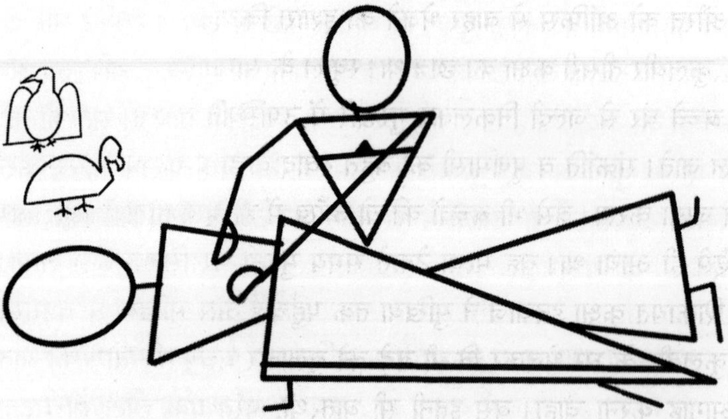

इन भरतवंशी स्त्रियों के समान तुम्हारे कुल की स्त्रियाँ भी पुत्रों तथा भाई-बंधुओं के मारे जाने पर इसी तरह सगे-संबंधियों की लाशों पर गिरेंगी॥ 46॥

—पंचविंशोऽध्याय, स्त्रीविलापपर्व

स्त्रीपर्व

"यदि कुलबीर ने बाबे के घर से एक मुट्ठी सिक्के उठा लिये तो वहाँ कोई कमी तो नहीं आ गई मास्टरजी। सभी उसी का दिया तो खाते हैं।"

कुलबीर की माँ का यह प्रत्युत्तर सुनकर हेडमास्टरजी हतप्रभ से रह गए। वे सोच भी नहीं सकते थे कि मैली-कुचैली सी अनपढ़ दिखनेवाली औरत मलूक दास के इतने बड़े रहस्य को इतनी सुगमता से छप्पन वर्ष के दर्शनशास्त्र के विद्यार्थी, एक संस्था के मुखिया के समक्ष प्रस्तुत कर देगी। हेडमास्टर साहब असहज सा महसूस करने लगे और उन्हें याद आया—

'अजगर करे न चाकरी पंछी करे न काम, दास मलूका कह गए सबके दाता राम'।

कृष्ण की गीता का कर्म-सिद्धांत बेमाने सा हो गया। उन्होंने चपरासी को इस औरत को ऑफिस से बाहर भेजने का इशारा किया।

कुलबीर तीसरी कक्षा का छात्र था। स्कूल के सामने ही गुरुद्वारा था। कई बार बच्चे घर से जल्दी निकलकर गुरुद्वारे में उपस्थिति लगवाने के बाद ही स्कूल जाते। संक्रांति व पूर्णमासी को बहुत स्वाद कड़ा प्रसाद भी भोगस्वरूप मिल जाया करता। वैसे भी बच्चों की तो आँख में ही भूख होती है। कुलबीर भी ऐसे ही आया था। वह मत्था टेकते समय मुट्ठी भर सिक्के उठा लाया। यह शिकायत कक्षा इनचार्ज ने मुखिया तक पहुँचाई और मुखिया ने चपरासी को कुलबीर के घर भेजकर किसी बड़े को बुलाकर बच्चे की चोरी की बात से आगाह करना चाहा। बस इतनी सी बात थी, परंतु एक छोटी सी घटना प्रतिक्रियास्वरूप माँ का उत्तर हेडमास्टर साहब को किंकर्तव्यविमूढ़ सा बना गया। वह हतप्रभ सा मात खाए खिलाड़ी की तरह स्कूल के बाहर जाती हुई कुलबीर की माँ की पीठ निहारता रहा। वह बाजी हार गया था।

सत्तो व करतार की शादी को दस-बारह वर्ष हो चुके थे। उनका एक ही बेटा था—कुलबीर, जो स्कूल की तीसरी कक्षा का छात्र था। घर में दादी प्रीतो व दादा कर्म सिंह भी थे। कर्म सिंह अकसर अपने पोते कुलबीर को अपने कंधों पर बिठाकर अब तक भी गाँव की पंचायतघर में ताश खेलने के लिए जा

बैठता। जट्ट–सिख परिवार। गुरु घर में आस्था रखनेवाला।

कई वर्ष पहले विकास के नाम पर शहरों के साथ वाली जमीन सरकारों ने हथिया ली थी। मुआवजेस्वरूप जमींदारों के थैले पैसों से भर दिए गए थे। अधिकांश लोगों ने उस पैसे से बड़ी–बड़ी कोठियाँ, बड़ी–बड़ी गाड़ियाँ, एक–दो बंदूकें खरीदकर घर में रख ली थीं। बहुत कम लोग ऐसे थे, जो अपने गाँव से विस्थापित होकर दूसरे स्थानों पर जाकर पैर जमा सके। उनकी जमीनों की छाती पर गगनचुंबी इमारतें व कुकुरमुत्तों की तरह उग आई फैक्टरियाँ बिना रोक–टोक धुआँ उगलने लगीं। गाँव का समस्त नैसर्गिक सौंदर्य प्रदूषित हो गया।

कर्म सिंह की एकमात्र औलाद थी करतार सिंह। उच्चा–लंबा गबरु। इंगलिश व गणित में कंपार्टमेंट के साथ दसवीं पास। गाँव के अधिकांश बच्चों के लिए उन दोनों विषयों में पहली बार ही पास होना संभव नहीं होता। पैसे तो पिता के पास थे ही, उन्होंने बड़ी धूमधाम से करतार की शादी कर दी। उम्र बीस–बाईस वर्ष की भी नहीं थी। सत्तो, करतारे की पत्नी, शुद्ध आठवीं पास। छम–छम पायल खनकाती करतारे के जीवन में आ गई। सारा परिवार बहुत खुश था। दो साल बाद इस घर में एक बच्चे ने जन्म लिया और उसका नामकरण गुरुघर में ही कुलबीर सिंह रखा गया। कुल का शूरवीर तारणहार।

सभी कुछ ठीक–ठाक चल रहा था। एक दिन पता चला कि कर्म सिंह को किसी गंभीर व लाइलाज बीमारी ने घेर रखा है। सामर्थ्य अनुसार व सुविधा अनुसार उसका इलाज भी करवाया, परंतु शीघ्र ही वह दुनिया छोड़कर चला गया। समय से पहले ही करतार सिंह के कंधों पर सारे परिवार की जिम्मेदारी आ गई। अभी उसकी घर का काम–धंधा सँभालने के काबिल न उम्र थी, न ही उसे सिखाया गया था। सच तो यह है कि यदि घर के बड़े किसी भी कारणवश बच्चों पर विवाह जैसा कोई भी उत्तरदायित्व डालते हैं तो घर–गृहस्थी से जुड़ी सभी कार्यों में भी उनकी पचास प्रतिशत भागीदारी तो होनी ही चाहिए। बेटे को कभी नहीं लगा कि पिता इतनी जल्दी दुनिया छोड़ देंगे, परंतु विधि के विधान में कोई हस्तक्षेप नहीं कर सकता। पिता की मृत्यु के साथ ही इस परिवार के विनाश की उलटी गिनती प्रारंभ हो चुकी थी। ऊपर चौबारे में करतारे के दोस्तों की चांडाल–चौकड़ी जमती। सभी प्रकार के नशे सीढ़ियाँ चढ़ने लगे। अब

पिता से कुछ माँगना नहीं पड़ता था और न ही किसी काम के लिए किसी की स्वीकृति की आवश्यकता थी। परिवार में किसी की हिम्मत ही नहीं थी कि कोई उसकी शान के खिलाफ एक शब्द भी बोले। परिवार में थे भी कितने लोग— माँ प्रीतो, पत्नी सत्तो व बेटा कुलबीर। वैसे भी कच्चा दूध पिला-पिलाकर पाली गई जट्ट की अकेली औलाद, स्वभाव से ही बहुत उद्दंड व खतरनाक होती है। वे स्वयं के आगे कोई बैरिकेड स्वीकार नहीं करता।

जेठ की एक तपती दोपहर थी। रिकॉर्डर में चौबारे पर जोर-जोर से एक गाना बज रहा था—

'नैण प्रीतो दे बैजा-बैजा करते।' (प्रीतो के नयन साथ बह जाने का निमंत्रण दे रहे थे)

यह पंक्ति सुनते ही करतारे को न जाने क्या हुआ, उसने टेप रिकॉर्ड उठाकर छत से नीचे फेंक दिया। वह चूर-चूर होकर बिखर गया। उसकी आँखों में लाली उतर आई। उसे बारह वर्ष पहले की घटना याद आई, दिमाग अतीत में विचरने लगा। माँ प्रीतो पशुओं के बाड़े में भैंस दुहने गई थी। चाचे शरीक ने यही पंक्ति गुनगुनाते हुए माँ के दुपट्टे का पल्लू खींच लिया था। दुपट्टा सिर से उतर गया था। माँ का नाम भी तो प्रीतो था और उसकी आँखें भी बहुत सुंदर व आकर्षक थीं। उन आँखों का प्यार-दुलार, जो करतारे को सारा दिन माँ के आसपास घूमने के लिए विवश करता, वही आकर्षण चाचा की प्रदूषित गंदी मानसिकता को प्रमाणित कर रहा था। उस समय करतारा बच्चा था। इन बातों को नहीं समझता था। आज यह पंक्ति सुनकर उसके मानसपटल पर अतीत में घटित घटना साकार होने लगी और वह स्वयं पर से नियंत्रण खो बैठा। माँ के हाथ से दूध की बाल्टी गिर गई थी। जमीन पर दूध ही दूध फैल गया था। माँ का पैर दूध पर से फिसल गया और वह गिर गई थी। कपड़ों पर गोबर लग गया था। माँ साँसोसाँस हो गई थी। भागकर भीतर वाले कमरे में मुँह को गंदे दुपट्टे में छिपाकर लेट गई थी। पूरा दृश्य आँखों के आगे नाच-नाचकर अश्लील इशारे करके उसका मजाक उड़ाने लगा। बात तो पूरी समझ में आई नहीं थी, पर इतना जरूर लगा था कि यह माँ के साथ कुछ बुरा हुआ, कुछ गलत हुआ था। आज याद आया कि जयद्रथ भी

महाभारत में रिश्तों की मर्यादा का अतिक्रमण कर जंगल में पांडवों की पत्नी द्रौपदी के सौंदर्य से वशीभूत होकर उसे भगा ले गया था। इस कुकृत्य का मूल्य कुरुक्षेत्र युद्धभूमि में अर्जुन के हाथों ज़ान गँवाकर चुकाना पड़ा। हिसाब तो आज बराबर हो ही जाना चाहिए। माँ प्रीतो की आँखों के आँसू प्रतिशोध की माँग कर रहे थे। माँ मुँह पर कपड़ा ओढ़कर लेट गई थी।

'वह निढाल सी क्यों लेटी थी?'

तब वह नहीं समझ पाया था, लेकिन आज समझता है। माँ का पिया दूध व जमीन पर गिरा तिरस्कृत दूध, दोनों प्रतिशोध की आग में उबलने लगे। करतार नाम के शख्स ने बंदूक उठाई और बाड़े में पशुओं को चारा डालते उसी चाचे की छाती में एक-दो-तीन गोलियाँ आर-पार निकाल दीं। वह वहीं ढेर हो गया।

फिर क्या था? वही हुआ, जो होना था। गाँव का पक्ष-विपक्ष व फिजूल की बातें। आज उस पंक्ति को सुनकर और सामने चाचे को देखकर करतारे को कौन से कड़वे सत्य से रूबरू होना पड़ा, कोई नहीं जानता। बालमन में माँ की भोगी हुई पीड़ा आज समझ में आई और प्रतिक्रिया जाहिर कर दी।

'आप क्या जानें मेरा और मेरी माँ का दर्द'? करतारा खड़ा सोच रहा था। 'आलोचना जनाब करें आप शौक से, लेकिन किताब आपने साहब पढ़ी नहीं।'

करतारे को पुलिस पकड़कर ले गई। सभी कुछ सामने था। प्रत्यक्ष के लिए प्रमाण की आवश्यकता न थी। करतारा भी वहीं था, बंदूक से निकली गोली के खाली कारतूस भी वहीं थे और लहूलुहान चाचे की मृत देह भी। साथ खाने-पीनेवाले 'दोस्त' खड़े चुगली कर रहे थे।

सत्तो के मायके से नशेड़ी सा भाई आया। वही उस केस की पैरवी करने लगा। और तो अपना कोई था नहीं। वह धीरे-धीरे सारे पैसे ऐंठ ले गया। करतारे की जमानत नहीं हुई। धारा-302 लगा दी गई। वह जेल से नहीं छूटा। सत्तो समय से पहले ही बूढ़ी हो गई। आज भाई फिर पैसे लेने आया था। शायद हाईकोर्ट का ही कोई बड़ा वकील जमानत करवा दे।

"बहन, वहाँ तो बहुत चढ़ावा चढ़ाना पड़ता है। सुना है, वहाँ तो जज को भी भेंट देनी पड़ती है। देख तो कहीं कुछ रखा होगा।"

सत्तो ने घर का कोना-कोना छान डाला। कहीं कुछ नहीं मिला। दूसरे

दिन वह जेल में पति से मिलने गई। उसने भाई द्वारा बताई सारी बात पति से की। पैसे के बारे में पूछा।

करतारे ने बताया कि "बापू ने तूड़ी वाले कमरे में एक लोहे की ट्रंक में कपड़े में लपेटकर पचास हजार रुपए सँभाले थे। सोचा था, अखंड पाठ करवा लूँगा। सभी नाते-रिश्तेदारों को बुलाकर अपनी खुशी साझी करूँगा। पर वह समय नहीं आया। वे भी चल बसे। वह पैसे निकालकर अपने भाई के मत्थे मारना। जाकर वकील को दे दे या स्वयं खा-पी ले, जमानत होने की उम्मीद तो नहीं है।"

अभी सत्तो वह पैसे देकर आई ही थी कि इतने में ही हेडमास्टर साहब ने चपरासी को भेज दिया, कुलबीर की शिकायत लेकर।

कौन देता है किसी को, भगवान् के सिवा, कोई भी तो नहीं! इसी हेडमास्टर ने मेरा बी.पी.एल. का कार्ड भी तो नहीं बनने दिया था। कहता था, 'तुम्हारा घर पक्का है। क्या मकान को खाऊँ या बिछाऊँ?' सत्तो सोच में डूब गई।

महाभारत में युद्ध समाप्ति के बाद बेवा औरतें भी तो ऐसे ही निरंतर निरुत्तर हुईं, जीवन के प्रश्नों के उत्तर ढूँढ़ती हुईं, हाथ उठाकर आसमान की ओर ताक रही होंगी—

'शायद कोई सहारा मिल जाए। कोई तो होगा, जो हम जैसे लोगों को आश्रय दे।'

जयद्रथ का द्रौपदी के साथ किया गया दुर्व्यवहार क्या परिस्थितिजन्य था या दूषित मानसिकता का परिणाम? क्या सत्ता-लोलुपता या संचित अपमान का दंश—क्या था, जिसने महाभारत को 'महा' बनाया? अठारह दिनों में पूरे किए गए प्रतिशोध, शेष बची विधवाओं व उनकी संतानों के लिए क्या लाए? किस पक्ष की जीत हुई?

बचपन छिन गया

त्वमप्युपस्थिते वर्षे षट्त्रिन्शे मधुसूदन।
हतज्ञातिर्हतामात्यो हतपुत्रो वनेचरः॥ 44॥
अनाथवदविज्ञातो लोकेष्वनभिलिक्षितः।
कुत्सितेनाभ्युपायेन निधनं समवाप्स्यसि॥ 45॥

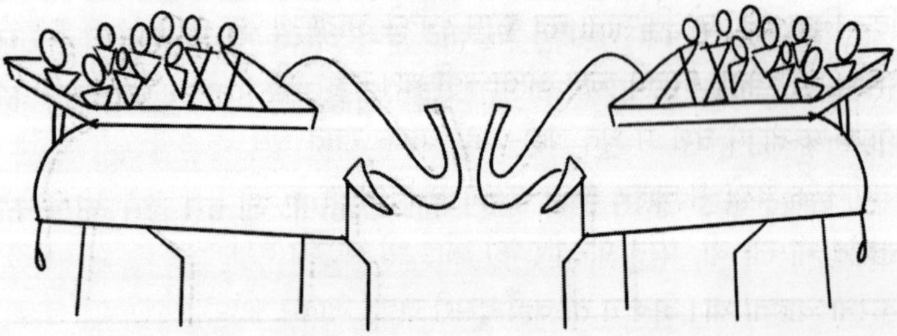

मधुसूदन! आज से छत्तीसवाँ वर्ष उपस्थित होने पर तुम्हारे कुटुंबी मंत्री और पुत्र सभी आपस में लड़कर मर जाएँगे। तुम सबसे अपरिचित और लोगों की आँखों से ओझल होकर अनाथ के समान वन में विचरोगे और किसी निंदित उपाय से मृत्यु को प्राप्त हो जाओगे॥ 44-45॥

—पंचविंशोऽध्याय, स्त्रीविलापपर्व

स्त्रीपर्व

कच्ची सी सड़क। शायद पगडंडी। या सड़क और पगडंडी के बीच का कोई और रास्ता। वही रास्ता जहाँ कभी बैलों के गले की घंटियाँ बजती थीं। बैल मस्ती से इन्हीं रास्तों पर हल चलाने व लकड़ी के छकड़ों को खींचते हुए शान से चलते थे। अनाधिकार रूप से बच्चे जमीन पर घसीटते हुए पाँव और पेट के बल पर चुपके से इन छकड़ों के पीछे लटक जाया करते थे। वह मजा टाटा-बिरला द्वारा जहाज की बिजनेस क्लास में सफर करने से रत्ती भर भी कम नहीं था। प्रायः यह बच्चे गाँव के शुरू या अंत में बसी मलिन बस्तियों की उन्हीं गली-मोहल्लों के होते थे, जहाँ से औरतें या आदमी किसानों के खेतों में काम करने या गाय-भैंसों का गोबर उठाने आया करते थे। इन छकड़ों की लगाम किसानी करनेवाले लड़कों के हाथ में होती थी। हमारे देखते-ही-देखते इन रास्तों पर ट्रैक्टर दनदनाने लगे।

आज यह धरती किसानों से छीन ली गई या खरीद ली गई, बात एक ही है। बड़े-बूढ़े चौराहों पर बैठे स्वयं की किस्मत व इन सरकारों को कोसते हुए दिन बिता देते। जो किसानी का काम इनको आता था वह तो इनसे छीन लिया गया। और काम इनको कोई आता नहीं था। न ही सीखने की उम्र थी। किशोर मौज-मस्ती में नशे में धुत यहाँ-वहाँ धक्के खाते घूम रहे थे। कुछ लोगों ने जमीन के पैसों से बाहर अन्य राज्यों में किसानी के लिए थोड़ी-बहुत जमीन खरीद भी ली थी, परंतु परिवार का कोई भी सदस्य वहाँ जाकर किसानी नहीं करना चाहता था। अब न तो वहाँ दूसरी जगह जाकर पाँव जमाए जाते थे और फिर गाँव को शहर होता देखना और शहर की सुविधाओं को वे लोग भोगना भी तो चाहते थे। विस्थापित होकर जीना अच्छा भी तो नहीं लगता। युद्ध जीतने के बाद भी हस्तिनापुर से विस्थापित हुए पांडवों को जड़ें जमाने के लिए शेष बचा हुआ सारा जीवन खर्च करना पड़ा। परंतु फिर भी वह बात नहीं बनी। फिर कलयुगी इनसान की तो मजाल ही क्या थी! इन लोगों ने यहीं चार-पाँच गाय-भैंस रखकर शहर में उनका दूध बेचकर ही गुजारा करने की सोची।

इनकी जमीनों पर ईंटों के ढेर लगने शुरू हो गए। जोरों से जमीन की खुदाई हो रही थी। आसपास कुकुरमुत्ते की तरह बहुत सी झोंपड़ियाँ उग आईं, क्योंकि काम करनेवालों को सिर ढकने के लिए छत तो चाहिए ही थी।

कच्ची-पक्की ईंटों से बने इन महलों में कुछ दिहाड़ीदार मजदूर सपरिवार रहने के लिए आ गए। यह सभी ठेकेदारों के आदमी थे। इन्हीं झोंपड़ियों से कुछ किसानों ने पशु चराने के लिए दस-बारह साल के लड़के रख लिये थे। पाव भर दूध व पाँच सौ रुपए, यही कीमत थी इन बच्चों की। माँ-बाप दिन भर ठेकेदार के पास काम करते और बच्चे पशु चराते। इस तरह से दो समय भरपेट रोटी इनको भी मिल ही रही थी। बन रही गगनचुंबी इमारतों के आसपास चैत्र में आए सावन के कारण हरी-भरी दूब उगा आई। ये बच्चे दिन भर पशुओं को वही घुमा लाते। चरगाहें तो अब रही नहीं। कुछ घरों में पाँच-छह घंटों की लिए बड़े-बूढ़े भी चरवाही कर ही लेते थे।

दोपहर के ग्यारह बज रहे होंगे। इसी पगडंडीनुमा सड़क किनारे आठ-दस लोग भीड़ जमाए खड़े थे। लगभग बारह वर्ष का बच्चा या किशोर आप कुछ भी कहें, सड़क किनारे पड़ा साँसोसाँस हो रहा था। आँखें आसमान की ओर टकटकी लगाए हुए थीं, पर वह देख कुछ भी नहीं पा रहा था। दिल की धड़कन बहुत तेज चल रही थी। मुँह से लार टपककर मिट्‌टी को सींच रही थी। शरीर का आधा हिस्सा बार-बार ऊपर-नीचे हिल रहा था। अधलेटे बच्चे का एक हाथ पता नहीं कहाँ था। आँखें तो जैसे रिस रही थीं। कोई अपना चमरौधा जूता उतारकर उसे सूँघा रहा था और कोई उसके पैरों से टूटी सी चप्पल निकालकर उसके पैरों को सहला रहा था। शायद बालक को मिर्गी का दौरा पड़ा था। कुछ सेकंड बाद बालक की तंद्रा टूटी व आँखों का अपरिचित सा भाव परिचित सा होने लगा। बालक उठ बैठा। स्वयं को सँभालने लगा। उसकी निगाहों का पीछा किया तो देखा कि पंद्रह-बीस गज की दूरी पर बालक की नजरें तो कुत्ते-कुत्तिया की मैथुन स्थिति पर टिकी थीं, जो अब एक-दूसरे को खींचने में जोर-आजमाइश कर रहे थे। अब कारण समझ में आया।

बालक ने किशोरावस्था में पदार्पण किया या बच्चे का बचपन छिन गया। शायद ये उन्हीं में से था, जो एक झुग्गी या झोंपड़ीनुमा एक कमरे में रहते थे। इन बच्चों को रात भर जागकर अपने माता-पिता या किसी स्त्री-पुरुष को टूटे किवाड़ों में से इसी तरह कुत्तों की भाँति करते हुए झाँकते कई वर्ष बीत गए होंगे। इन्हें कुछ सीखने के लिए किसी स्कूल या कॉलेज में नहीं

जाना पड़ता। इन्हें तो फुटपाथिए विद्यालय ही बहुत-कुछ सिखा देते हैं। रात को तो आदमजात वैसे भी जानवर ही दिखती है। भले ही दिन के उजाले में उजले व सभ्य दिखने का नाटक बखूबी निभा लेती हो। परंतु कुत्तों के लिए दिन-रात में कोई फर्क नहीं है।

आम के बौराए पेड़ भी आज तो ढाक के पेड़ों की तरह नीरस से दिखने लगे हैं। इन्हीं ढाक के पेड़ों के नीचे न जाने कितने बच्चों का बचपन छिनता होगा। पीढ़ियों से बसी-बसाई बस्तियों के उजड़ने से ऐसी ही असामयिक विनाशकारी स्थितियाँ पैदा होती हैं। पारिवारिक मूल्य अपने स्थान से खिसककर अर्थहीन हो जाते हैं। मूल्यों का विघटन हो जाता है। सत्य को स्वयं को बनाए रखने का संघर्ष और असत्य के अनाधिकार प्रवेश का संधिकाल बहुत भयानक होता है। उसकी अत्यधिक कीमत चुकानी पड़ती है।

कुरुक्षेत्र के मैदान में युद्ध की अठारहवीं रात व उन्नीसवें दिन में भी गीदड़ रोए होंगे, कुत्तों व गिद्धों नें खूब मजे लिये होंगे। शेष मूल्यों को समेटने में पाँचों पांडवों व शेष दो-चार योद्धाओं की भीड़ जुटी होगी। बचे-खुचे बचपन को दिशा देने व होश में लाने का प्रयास किया होगा।

महाभारत के बाद बचे-खुचे लोगों की नैतिकता की पैमाइश का मापदंड क्या रहा होगा? युद्ध से पूर्व विस्थापित पांडव क्या युद्ध के बाद स्थायित्व प्राप्त कर पाए? नैसर्गिक सौंदर्य नष्ट करके ईंट-पत्थरों के महल बना पाना—क्या विकास या स्थायित्व है? हस्तिनापुर, मगध, पांचाल, मत्स्य, छेदि, अंग, गांधार, कैकय, सिंधु, काशी या खांडवप्रस्थ जैसे प्रदेशों की सीमाओं पर बसे 'अविकसित' आदिवासियों का भी क्या इन प्रदेशों के 'विकास' में कोई योगदान रहा होगा? नैतिक मूल्यों का अमूल्य क्या परिस्थितिजन्य था? कुत्तयी होती इनसानियत से ही तो कलयुग का प्रारंभ नहीं हो गया था?

तलाश जारी है

अङ्गके कुरुष्व राजानं धृतराष्ट्र युधिष्ठिरम्।
युध्यतोर्हि द्वयोर्युद्धे नैकान्तेन भवेज्ज्यः॥ 27॥

महाराज धृतराष्ट्र! आप राजा युधिष्ठिर को अपनी गोद में बैठा लीजिए; क्योंकि जब दोनों पक्षों में युद्ध छिड़ जाएगा, तब विजय किसकी होगी, यह निश्चित रूप से नहीं कहा जा सकता॥ 27॥

—चतुःषष्टिलमोऽध्याय, यानसंधिपर्व
उद्योगपर्व

जिस पशु को रस्सी से नहीं बाँधा जाता, वह कई बार घूमते-घुमाते बहुत दूर निकल जाता है। जब किसी के खेत को उजाड़ता है तो उसे डंडे मारकर बाहर निकाल दिया जाता है। लेकिन कभी-कभी जब वह किसी को काम का लगता है तो उसे गले में रस्सी डालकर खूँटे से बाँध लिया जाता है।

धर्मा भी इसी तरह खूँटे से बँधा हुआ पशु था, एक आदम-पशु!

धर्मे ने बीस-बाईस साल की उम्र में तृतीय श्रेणी में दसवीं पास कर ली थी। कुछ कक्षाएँ स्कूल में प्रवेश लेकर व कुछ घर बैठकर निजी तौर पर परीक्षा देकर जैसे-तैसे उत्तीर्ण कीं।

घर में पढ़ाई का माहौल ही नहीं था। परंतु धर्मे की पीढ़ी को तो पढ़ना ही चाहिए था। अब तो गाँव में हाईस्कूल बन गया था। इससे पहली पीढ़ी के पास तो न पढ़ने के बहुत बहाने थे, जिनमें से स्कूल न होना, सबसे मूल या फिर तर्कसंगत कारण माना जा सकता था।

शिमला से दो-तीन महीने का एक छोटा सा कोर्स करने के बाद धर्मे को हिमाचल में एक ग्रामीण सहकारी बैंक में नौकरी मिल गई और पहली नियुक्ति के तौर पर उसे दूर-दराज के पिछड़े पहाड़ी क्षेत्र में भेज दिया गया। वहाँ अच्छे डील-डौलवाले एक हृष्ट-पुष्ट जवान को लोगों से पैसे की उगाही करने का काम सौंपा गया। वह इस काम में आए किसी भी प्रकार के खतरे से निपटने में सक्षम था।

धर्मा एक जमींदार परिवार के बड़े पुत्र का जेठा बेटा था। परिवार बड़ा था—दादी-दादा, माँ-बाप, तीन बुआएँ और चार चाचे। पिता काले, ठिगने कद के, दादी जैसे और माँ, ऊँची-लंबी, गोरी-चिट्टी औरत। धर्मे को जब तक दीन-दुनिया की समझ आने लगी, तब तक उसके छोटे दो भाई और एक बहन भी इस संसार में जन्म ले चुके थे।

एक दिन माता-पिता धर्मे के छोटे भाइयों व बहन को लेकर खाली हाथ घर से निकल गए। क्यों निकले, नहीं मालूम। लेकिन सुनने में यह आया था कि उसके बड़े चाचे की नजर धर्मे की माँ यानी उसकी भाभी पर ठीक नहीं थी। पिता को यह बात बरदाश्त नहीं हुई। शायद इसलिए वह अपने परिवार

को लेकर कहीं दूर निकल गया।

धर्मा नहीं गया। वह दादा के पास ही रह गया। शायद सौंप दिया गया या छूट गया। शायद त्याग दिया गया या फिर उस अचानक असंगठित प्रस्थान में बस पीछे भूला दिया। यह भी एक अनबूझ पहेली बना रही। इस बच्चे के भविष्य से संबंधित किसी ने भी कोई परामर्श ही नहीं किया। यह इतना आवश्यक था ही नहीं। न ही ऐसे विषयों पर विचार-विमर्श करने का उचित वातावरण था। पिता मन में घुटन लेकर 'अपने' परिवार के साथ चले गए। धर्मा किस परिवार का सदस्य था, उसे नहीं मालूम।

वह उस समय सातवीं कक्षा में पढ़ता था। पढ़ता तो क्या था, स्कूल जाता था और सातवीं कक्षा में पढ़नेवाले विद्यार्थियों के साथ बैठता था। धर्मा अपने से बड़ी उम्र के लड़कों में यानी चाचों के बीच, उपेक्षित सा होकर पलता रहा। कभी खेतों में काम करता, कभी स्कूल चला जाता। फेल हो जाने पर कभी नानके भेज दिया जाता। किसी बुआ के यहाँ कोई काम होता तो वहाँ भी उसे ही भेजा जाता। एक बस स्टिपनी की भाँति इधर-उधर लुढ़कता रहता। माँ-बाप के जीते-जी ही धर्मे के जीवन से उनकी भूमिका समाप्त हो चुकी थी और इन परिस्थितियों में धर्मे ने ठान ली थी कि वह अपने पैरों पर अवश्य खड़ा होगा।

जब धर्मे की नौकरी हिमाचल में एक ग्रामीण बैंक में लगी तो वह वहीं पर बैंक के एक दंपति के घर में, एक कमरे में रहने लगा। घर का मालिक एक अच्छी-खासी उम्र का मर्द और उससे दस-पंद्रह वर्ष छोटी उसकी पत्नी—सुलक्षणा। पहाड़ी क्षेत्र के पिछड़े इलाकों में छोटी उम्र की लड़कियों की शादी बड़ी उम्र के मर्दों से कर दिया जाना आम बात थी। इकलौता बेटा, अच्छी-खासी जमीन व सेब के बाग, यही देखा होगा सुलक्षणा के माता-पिता ने। आय का अच्छा जरिया था। दोनों खुशी से जीवन व्यतीत कर रहे थे। सुलक्षणा के सास-ससुर के चल बसने के बाद, परिवार के नाम पर कुछ दूर के रिश्तेदार ही बचे थे। हाँ, कभी-कभी औलाद गोद लेने का आग्रह सुलक्षणा ने किया, पर पति ने मना कर दिया।

धर्मे के आने का उन्होंने खुशी-खुशी स्वागत किया। धर्मे के पास घर-गृहस्थी का कोई सामान नहीं था। न ही उसे किसी चीज की आवश्यकता महसूस हुई। बैग में दो जोड़ी कपड़े डालकर चला आया। वही पर्याप्त था।

भरा-पूरा घर था, जरूरत का सारा सामान उपलब्ध। धर्मे ने कभी भी अपना खाना स्वयं नहीं बनाया और न ही कहीं बाहर ढाबे आदि से मँगवाया। घर में जैसा भी बनता, तीनों वही खा लेते। पत्नी घर सँभालती, पति खेत-बाग पर नजर रखता और धर्मा अपना बैंक का काम करता। लक्ष्मण स्वरूप धर्मा उन्हें 'भैया-भाभी' कहकर संबोधित करता। उनका रिश्ता भी यही था। सात्त्विक परिवार सात्त्विक ढंग से ही चल रहा था।

पर पहाड़ों की घुमावदार सड़कें, अगले मोड़ के पार क्या दृश्य खोलेंगी, यह तजुर्बेकारों के लिए भी कहना कठिन है। अचानक एक दिन सुलक्षणा को खबर आई कि खेतों में सेब के पेड़ों को पानी लगाते समय उसका पति मुँडेर पर ही खाँसता-खाँसता गिर पड़ा। जब तक पहाड़ी पगडंडियों से होते हुए, उसे शिमला के बड़े अस्पताल में पहुँचाया गया, तब तक उसके प्राण-पखेरू उड़ गए थे। कारण—दिल ने शरीर को सींचना बंद कर दिया था। अर्थी के आगे का दाहिना कोना धर्मा के कंधे ने सँभाला और चिता को अग्नि देने के लिए धधकती काष्ठ भी उसी को थमा दी गई।

जीवन पटरी से उतर गया था। धर्मा अब इस घर में किस रिश्ते से रहे? परंतु सुलक्षणा के रिश्तेदारों ने तेरहवें दिन धर्मा के सिर पर पगड़ी बाँधकर उसे उसकी जिम्मेदारी सौंप दी। अब उनके इकट्ठे रहने पर कोई उँगली नहीं उठा सकता था।

वक्त का पहिया अपनी गति से चलता रहा। धर्म स्वरूप धर्मदत्त सुलक्षणा यानी विदुरानी का धर्मसंगत सहचर के रूप में स्वीकृत कर लिया गया। दोनों अपने नए रिश्ते की भूमिकाएँ धीरे-धीरे निभाना सीख गए।

सुलक्षणा का जीवन फिर पटरी पर लौट आया। पटरी पर तो लौट आया और राहें भी समांतर थीं, परंतु पहला पति काफी आगे चल रहा था और धर्मा सुलक्षणा से काफी पीछे रह गया। पहला पति जितना आयु में सुदर्शना

से आगे था, अब धर्मा उससे उतना ही पीछे रह गया था। दोनों में पंद्रह-बीस वर्ष का अंतर बरकरार था। माता-पिता की भूमिका के सौभाग्य से वे अभी भी वंचित थे। मेल ठीक से किसी से भी नहीं बैठ पाया और सुलक्षणा अपनी गोद खाली रहने का कारण इस बात को मानती रही।

ऐसी प्रथाओं से उसकी घृणा बढ़ने लगी, जिनसे छोटी जवान लड़कियों की शादियाँ बड़ी उम्र के मर्दों से कर दी जातीं। जहाँ कहीं भी कोई ऐसा ब्याह होने लगता, सुलक्षणा वहाँ जाकर उसे रोकने की कोशिश करने लगती। गाँववाले उसे पागल समझने लगे और धर्मे को उसका इलाज करवाने को कहते।

वह अकसर यह गुनगुनाती हुई सुनाई पड़ती—

"जल जाए पहाड़ियाँ दा देस
अम्मा जी मैं नहीं बसना
मक्की दी रोटी अम्मा हत्थ फड़ाई दर्दे
रख देन्दे ने बथुए दा साग
अम्मा जी मैं नहीं बसना।"

पहले पति ने किसी भी बाहर या भीतर परिवार से बच्चा गोद लेने की स्वीकृति नहीं दी। उसे शायद असुरक्षा की भावना ने इतना जकड़ लिया था कि उसे लगने लगा कि उसकी पत्नी का झुकाव बच्चे की तरफ ज्यादा न हो जाए! बच्चा तो माँ-बाप के बीच का पुल होता है, जो दोनों के बीच की दूरियों को भी कम करता है; परंतु जो आदमी इस अनुभव से नहीं गुजरा, उसे अकसर ऐसा संदेह शायद हो जाता होगा।

चाहे धर्मे के सिर पर पगड़ी बाँधकर सुलक्षणा की जिम्मेदारी उसे सँभाल दी गई थी, परंतु तन और मन का तालमेल पूरी तरह से नहीं बैठ रहा था। जिस देवर का रिश्ता मीठा-मीठा लग रहा था, उसी में वह पति की तलाश करने लगी और उसका प्रतिफल भी चाहने लगी। पर कुछ भी संभव न हुआ। भले ही इस रिश्ते में व्यक्तिगत, सामाजिक या सांस्कृतिक इंजीनियरिंग के पेंच ढीले रहे, परंतु धर्मे के बहन-भाइयों को इस बात की भनक लग गई कि

धर्मा अपनी माँ की उम्र की औरत के साथ रहता है और वह बहुत अमीर है। भाई से मिलने के लिए सभी की बाँहें फड़फड़ाने लगीं। बहन अपने बेटे को लेकर उसके पास कम-से-कम महीने-दो महीने आकर रहने लगी। सुलक्षणा दिन भर औरों के बच्चों को निहारती और अपनी किस्मत को कोसती रहती। वे लोग बहुत अपनापन जताते, परंतु सुलक्षणा किसी को भी घास न डालती। इस उम्र तक पहुँचते-पहुँचते वह दुनिया को काफी समझने लगी थी। वह सोचती कि 'पहले आदमी ने अपना जीवन तो अपने अनुसार जी लिया और धर्मा उसके जीवन में तब आया, जब उसकी झोली तार-तार हो चुकी थी। अब मुझे उसके सगे-संबंधियों से क्या मतलब? मैं तो इस दुनिया में खाली हाथ आई थी और सूखा ही आँचल लेकर चली जाऊँगी।' धीरे-धीरे सुलक्षणा ऐसा सोचने लगी थी और यह बात उस पर हावी होने लगी। 'आगे-पीछे दो पुरुष और बीच में मैं'। यह अंतर वैसा ही बना रहा और वह बीच में असहज सी चलती रही।

अब वह चलते-चलते शारीरिक एवं मानसिक रूप से डगमगाने लगी थी। जब धर्मा अपनी नौकरी पर घर से बाहर जाता तो वह स्वयं सेबों के बाग में चली जाती और सेब तोड़ती औरतों के बच्चों को एकटक देखती रहती। उनके बच्चों को देखकर उसे लगता कि उसके साथ अन्याय हुआ है। दिन-प्रतिदिन यही देख सोचकर उसका मानसिक संतुलन बिगड़ने लगा।

एक दिन बाग में से ही उसनें एक काम करनेवाली मजदूरन का सोया हुआ बालक उठा लिया और उसे अपनी सूखी छाती से लिपटाकर भाग खड़ी हुई। घबराहट में भागते-भागते वह नीचे देखना भूल गई और खेत के कोनेवाले बिना मुँडेर के नंगे कुएँ में बच्चे समेत गिर गई। जब तक उसकी देह दहला देनेवाली चीख की आखिरी ध्वनि को लोग पकड़ते, तब तक सुलक्षणा की मृत देह कुएँ की सतह पर तैर रही थी। बच्चा? बच्चा, पानी में उतरने के लिए बनी सीढ़ी में फँसा चिल्ला रहा था।

आप इसे पूतना कहेंगे या विदुरानी? पूतना कृष्ण को मारने के लिए आई थी या स्वयं कृष्ण के हाथों अपना उद्धार करवाने, कारण या ढंग कुछ

भी रहा हो। कुंती जब पाँच पांडवों के साथ विदुर व विदुरानी के घर में रहने के लिए आई होगी तो विदुरानी क्या सोचती होगी, कैसा महसूस करती होगी? हो सकता है, उन सभी की और सुलक्षणा की भी, तलाश आज भी शायद जारी हो।

क्या पांचाली की तलाश उसकी अपनी थी? पाँच पुत्रों के साथ जब कुंती विदुर के घर रहने आई, तब विदुरानी को कैसा लगता होगा? कहीं उसका बाँझपन उसे अधिक तो नहीं सालता होगा? यदि विदुर भी हस्तिनापुर से अपना हिस्सा माँगता तो क्या महाभारत का यही प्रारूप होता? क्या विदुर का निस्संतान होना ही इस फैसले का मूल कारण था? क्या सौ पुत्रों की माँ गांधारी विदुरानी से बेहतर थी?

चूड़ियाँ

प्रगृह्य बाहून् क्रोशन्त्यः पुत्रान् भ्रातॄन् पितॄनपि।
दर्शयन्तीव न ह स्म युगान्ते लोकसंक्षयम्॥ 12॥

एक–दूसरे के हाथ पकड़कर पुत्रों, भाइयों और पिताओं के नाम ले–लेकर रोती हुईं, वे कुरुकुल की नारियाँ प्रलय काल में लोक–संहार का दृश्य देख रही थीं॥ 12॥

—दशमोऽध्याय, जलप्रदानिकपर्व

स्त्रीपर्व

पति के शव के पास गुमसुम शिला सी बैठी सरस्वती न जाने किन विचारों में खोई हुई थी। सारा परिवार चाहता था कि वह रोए और उसके मन का गुबार निकल जाए। परंतु रोज-रोज मरनेवाली नारी और केवल एक बार और वह भी सिर्फ दैहिक स्तर पर मरनेवाला पुरुष···हिसाब कैसे बराबर होगा?

मायके की सरस्वती ससुराल में बनी सुरतो, पथराई सी आँखों से सभी को बारी-बारी देख रही थी। वह सोच रही थी, 'यह वही समाज-परिवार, सास-ससुर, देवर-जेठ व पति हैं, जिनके बीच में धकेलकर मेरे माँ-बाप अपनी जिम्मेदारी पूरी कर गए। बिना मुझसे पूछे कि क्या इन लोगों को मेरी जरूरत है या क्या ये मुझे सँभाल सकेंगे, सुरक्षित रख सकेंगे, मेरे पूर्ण अस्तित्व के साथ? क्या मैं किसी किसान के बगीचे की पहली कटाई थी, जिसको समय रहते मंडी पहुँचाना था? जिसको बेचा जाए, काटा जाए, चखा जाए और फिर फेंक दिया जाए? यह ब्याह का व्यापार भी अजीब है। इतनी मंदी तो कभी नहीं देखी कि खरीदार को ही पैसे देकर उसे सामान बेचा जाए! पर औरत के बाजार में तो ऐसी मंदी एक स्थायी सच्चाई है।'

एकदम से सुरतो ने मृत पति की छाती पर जोर-जोर से दोनों हाथ दे मारे, "अरे तू तो मरकर भी जीत गया। आज यदि मैं तेरी जगह पड़ी होती तो तू न आता मेरा श्रृंगार करके चिता तक छोड़ने। ये तेरे लोग न तोड़ते मेरी चूड़ियाँ और न ही पोंछते मेरी माँग का सिंदूर। कहाँ है आज तेरे जीवन की वे सारी नायिकाएँ, जिन्होंने तमाम उम्र मेरा स्थान लेने का प्रयास किया? और तू उनको वह स्थान देता भी रहा! क्या आज तोड़तीं वे सब-की-सब तेरे अपनों के समक्ष अपनी चूड़ियाँ? पोंछ देतीं क्या अपने सिंदूर को? क्या पहन लेतीं सफेद साड़ी?" सरस्वती की आँखों में एक भी आँसू न था।

यह सब सोचते-कहते हुए उसने अपने अरमानों के खून से लथ-पथ लाशों के बीच खड़ी होकर दोनों हाथ ऊपर उठाकर पति को वंशनाश का अभिशाप दे डाला। परंतु सामने खड़े जवान पुत्र को देखकर वह एकदम सहम गई। उसे अपनी गलती का झट अहसास हुआ।

'मेरा पुत्र भी तो इसी वंश का ही अंश है।' वह धड़ाम से पिता के पास बैठे पुत्र की गोद में गिर पड़ी। 'पिता न सही, पुत्र के संरक्षण में ही काट दूँगी शेष जीवन।' सुरतो की नम आँखों के समक्ष उसका अतीत विभिन्न प्रश्न बनकर खड़ा हो गया।

सुरतो का कोई भाई न था। वे केवल तीन बहनें थीं। वह मँझली, एक बड़ी और एक छोटी। सुरतो और उसकी बड़ी बहन एक ही परिवार में ब्याही गईं। सुरतो अकसर सोचती, 'भाई न होना ही हम बहनों को ससुराल में कोई उचित स्थान मुहैया न करवा पाया। जब तक पीछा मजबूत न हो, तब तक ससुराल में कोई पैर जमने ही नहीं देता।' पिता के मृत्योपरांत माँ को बुढ़ापे में सँभालने का दारोमदार बड़ी बहन के कंधों पर आया और वह परिवार सहित माँ के पास रहने चली गई। उसका पति भी साथ ही चला गया। मेरी बड़ी बहन माँ को भी सँभालती रही और अपने परिवार को भी। उसका ठीक चलता रहा। जीजा सरकारी नौकर था। खाना-पीना पुश्तैनी जमीन से चल जाता था और सिर ढकने के लिए माँ की छत तो थी ही। बच्चों की पढ़ाई या ऊपर का खर्चा जीजे की नौकरी के पैसों से ठीक चल रहा था।

'पर मैं इस प्रकरण में कहाँ थी? कहाँ था मेरा पति, जो मेरे जीजा का ही तो छोटा भाई था? मैं हर रोज बीस-बीस आदमियों की रोटी सेंकती व राख से बरतन घिसती रही और रात को किसी भी खाली खटिया पर सो जाती। मेरा पति महीनों घर न लौटता। जब लौटता तो पूरा लाव-लश्कर उसके साथ होता। देर रात तक खाना-पीना चलता। पर उसका पूरा परिवार इस बात में बहुत फख्र महसूस करता कि वह एक बड़ा आदमी था—एक सरकारी वकील, जो बड़े लोगों के साथ उठता-बैठता था। बड़ा आदमी— आधी रात के बाद मुँह में शराब की दुर्गंध लिये कमरे में लौटनेवाला आदम पशु! धीरे-धीरे उस दुर्गंध को सारे कमरे में फैला देनेवाला मेरे जैसी कइयों का आदमी!

'मैं बिन पानी मीन की तरह तड़पती रही। मिन्नतें माँगती रही पति के साथ के लिए। वह कभी मेरा नहीं हुआ। वह बँटता रहा माँ में, भाई-बहनों

में, रिश्तेदारों में, दोस्तों में व नित नई प्रेमिकाओं में। मैं तो सनाथ होकर भी अनाथ्वत रही। जब मैं विवाह कर इस घर में आई, तब भी वह रिश्तेदारी की एक विधवा के साथ फँसा था। सच में मेरा पति लंगोट का बहुत फूहड़ था। फिर वह वहीं रहने लगा, जहाँ उसकी नौकरी थी। वह स्वयं कभी-कभी घर लौटता, परंतु हाँ, पैसे वह महीने-दर-महीने भेजता रहता। उसी के पैसों से सारा परिवार गुलछर्रे उड़ा रहा था और मैं वर्षों परिवार के जूठे बरतन माँजती रही। मेरी सास को तो ऐसा भी लगता था कि उसका बड़ा बेटा यानी मेरा जीजा अपनी सारी तनख्वाह अपने ही परिवार पर खर्च कर देता है और कहीं उसका छोटा बेटा भी अपनी पत्नी पर सारा पैसा न खर्च कर दे। इस असुरक्षा की भावना ने मुझे सधवा होते हुए भी विधवा बनाकर रखा। आज तो केवल दुनिया के सामने उद्घोषणा करना शेष था।

'मैं जीती रही, साँस भी लेती रही। चार बार गर्भ गिरने के बाद एक बच्चे को पाल-पोस बड़ा भी कर दिया। उम्र बीत गई। दो-चार बार मैं पति के साथ गई भी, परंतु किसी-न-किसी बहाने से मेरा ससुराल परिवार मुझे लौटा लाता। मैं एक अनपढ़ औरत क्या जानूँ पढ़े-लिखों के साथ रहने का सलीका? सोचा कि बेटे को भेज दूँ, पिता को शायद राह पर ले आए। पर उसके पास तो पहले से एक और जमी बैठी थी कानूनन उसकी पत्नी बनकर। सिवाय मेरे सारा परिवार यह शुरू से जानता था। शहर में बहुत बड़ी कोठी, बड़ी सी कार, नौकर-चाकरों की सभी सुविधाओं के बीच—मेरा पति और वो। क्या भेज देती बेटे को ऐसी असुरक्षित जगह जहाँ वह अनावश्यक होता? और कहीं वह भी अपने पिता की तरह भटक जाता तो? यह इतिहास फिर से किसी और के जीवन में नहीं दोहराना चाहिए, कभी नहीं। वह मेरे दायरे में ही ठीक है। मैं उसे खोना नहीं चाहती।'

सरस्वती एकदम खड़ी हुई और बेटे की बाँह पकड़कर चल दी अन्य रास्तों पर। "मेरा पुत्र नहीं देगा किसी को मुखाग्नि, जलांजलि, श्रद्धांजलि या आदरांजलि", उसने घोषणा की। उठा लाई शव पर फेंकी हुई प्लास्टिक की चूड़ियाँ, जो कभी सोने व कभी काँच की होने का भ्रम पैदा करती

थीं। फेंक दिया दूर ऐसी चूड़ियों को, जिन्हें पहनना और उतारना किसी के जीवन-मरण से जुड़ा हो।

"मैं रहूँगी अपने परीक्षित के साथ और शाप दूँगी, नाश कर दूँगी उस यादव वंश का, जो मेरा नहीं, उनका साथ देता रहा, जो प्रतिज्ञाओं की विवशता में बँधकर शिखंडियों को समक्ष रखकर न जाने कितने भीष्मों को शर-शैया पर लिटाता रहा। मैं सृजन का बीज हूँ। उग आऊँगी धरती की छाती फाड़कर भी। मैं सृजित करूँगी एक सभ्यता, एक ऐसी संस्कृति, जो किसी का प्रयोग नहीं, बल्कि एक-दूसरे का मान-सम्मान करेगी व नारी को उसका उचित स्थान देगी।"

पांडु धृतराष्ट्र या पाँचों पांडवों का कुंती, गांधारी या द्रौपदी के जीवन में कितनी सकारात्मक भूमिका थी? क्या विवाह, पत्नीत्व और परिवार के सुरक्षा कवच के बिना कोई स्त्री स्वयं अकेली निर्णय नहीं ले सकती? अकेली, परित्यक्त या कुँवारी स्त्री क्या समाज को मान्य है?

युद्ध क्षेत्र

याम्यमाहू रथं ह्योनं मुह्यन्ते येन दुर्वुधाः।
स् चैतत् प्राप्नुयाद् राजन् यत् त्वं प्राप्तो नराधिप॥ 19॥

नरेश्वर! इस संसार को याम्य रात कहते हैं, जिससे मूर्ख मनुष्य मोहित हो जाते हैं। राजन! जो दुःख आपको प्राप्त हुआ है, वही प्रत्येक अज्ञानी पुरुष को उपलब्ध होता है॥ 19॥

—सप्तमोऽध्याय, जलप्रदानिकपर्व

स्त्रीपर्व

अर्धविक्षिप्तावस्था में फटे-पुराने कपड़ों के ढेर पर एक कोने में लेटी कला अपनी अंतिम साँसें गिन रही थी। गिनती तो खैर उसे नहीं आती थी, पर शेष साँसें शायद गिनी-चुनी ही बची थीं, जिसे कोई भी गिनती न पढ़नेवाला भी जान सकता था।

हिमखंडों पर गिरी हुई पांचाली की तरह उसकी देह भी ठंडी पड़ रही थी और सभी अपने बहुत दूर छूट गए थे।

उसके यहाँ दो बच्चे थे—एक बेटा और एक बेटी। सब आराम से अपने-अपने घरों में रहते और महीने-दो महीने बाद माँ द्वारा कमाई गई जमीन के बँटवारे के लिए कोर्ट-कचहरी चक्कर लगा आते। माँ किसी के हिस्से में नहीं आई। उससे किसी का कोई मतलब नहीं था। न ही वह बँटना चाहती थी और न ही उसे कोई बाँटना चाहता था। वह अपने पूरे शरीर सहित कोने में कपड़ों की गठरी पर पड़ी बची-खुची साँसें ले रही थी। कला एक ऐसी नदी थी, जो पहाड़ों के खुले आँगन की चौड़ाई से नीचे आते-आते बहुत तंग यानी संकीर्ण हो चुकी थी। अब तो वह बहाव रोके हुए गंदी नाली पर बाँध बनकर बैठी थी। लगता है, शायद आज रात तक इस बाँध पर लगा सीमेंट पक जाएगा और मैला-कुचैला पानी रिसना बंद हो जाएगा।

पचास पार चुकी वीराँ का पति भी बुढ़ाने लगा था। वह उससे दस-बारह वर्ष बड़ा था। एक लंबे अरसे तक वे औलाद का मुँह देखने के लिए तरसते रहे, पर कुछ भी नहीं मिला। अंत में बहुत सोच-विचार करने के बाद वीराँ पड़ोस वाले गाँव से पंद्रह-सोलह वर्ष की एक गरीब लड़की ले आई। उसका नाम कला था। वे सोचते, 'शायद इस डाल पर ही कोई फूल खिल जाए, जो हमारे बुढ़ापे की लाठी बन जाए।' वीराँ की कोख तो बंजर ही रह गई थी। वहाँ तो एक दाना भी नहीं उगा।

कला जवान हो रही थी और पति बूढ़ा। वीराँ और कला में लगभग बीस-बाईस वर्ष का अंतर होगा। बहुत वर्षों तक वह उस वृक्ष पर फल लगने का इंतजार करती रही, पर कुछ भी हासिल नहीं हुआ। उन्हें क्या पता कि बच्चे पैदा न होने का कारण मर्द भी हो सकता है ? पुरुष संपूर्ण था। कमी की

संभावना तो कहीं–न–कहीं स्त्री में ही हो सकती थी। वीराँ तो इतना ही जानती थी। इसी अदला–बदली में कुछ वर्षों बाद बूढ़ा निस्संतान ही चला गया। वीराँ व कला माँ–बेटी की तरह रहने लगी।

प्राइमरी पाठशाला में एक मास्टर तबादला होकर आया। स्कूल में पचास–पचपन छात्र व एक ही मास्टर था। वह कहीं दूर से आया था। वीराँ के घर की दीवार से स्कूल के कमरे की दीवार सटी हुई थी। वीराँ व कला रोज उसको पढ़ाते हुए देखतीं। वह सुंदर–सजीला सा जवान उन्हें प्यारा लगता। वीराँ ने अपने घर में मास्टरजी को रहने के लिए एक कमरा दे दिया और साथ वाले कमरे में रबड़–पेंसिल–कॉपी व रोजमर्रा का छोटा–मोटा सामान रखकर कला के लिए एक दुकान खोल दी।

वीराँ उसे पुत्रवत् मानती और कला पतिवत्। वह घर का पुरुष था। शायद वीराँ ने उसे रखा भी इसलिए था। दिखने में वह भला–मानुष लगता था। किसी को कोई ऐतराज नहीं था। एक आदमी के आने पर सभी को बहुत–कुछ मिल गया था। वीराँ को बेटा, कला को पति और पहाड़ी बच्चों को चौबीस घंटे शिक्षक। घर में रौनक सी लौट आई। इसी मास्टर से कला को चार बच्चे पैदा हुए। दो लड़के और दो लड़कियाँ। घर भरा–भरा सा लगने लगा। और तो कोई कमी थी नहीं। स्त्री और पुरुष दोनों अपना–अपना काम किए जा रहे थे। पुरुष हल जोतता, बीज डालता और स्त्री धरती माँ बनकर फसल उगाई जा रही थी। सुना था कि शिमले से भी बहुत ऊपर रोहडू जनपद में मास्टर का भरा–पूरा परिवार था। गाहे–बगाहे मास्टर शहर जाता और घर व दुकान का सारा सामान वहीं से खरीदकर लाता। परंतु कई वर्षों बाद, एक दिन मास्टर बाजार गया और लौटकर ही नहीं आया। यहाँ तो वह केवल नौकरी करने आया था। मास्टरी तो यहीं छोड़ गया। कला फिर छली गई।

कला की बड़ी बेटी पंजाब में ब्याही गई। ब्याही भी क्या गई, खरीदी गई। बाहर से खरीद–फरोख्त करके लड़कियाँ घर चलाने के लिए लाना पंजाब में अब अजीब न था और फिर इसमें उन्हें बुरा भी कुछ न लगता। चूल्हे में आग भी जलती रहनी चाहिए और रोटी भी पकती रहनी चाहिए। इधर–उधर

मुँह मारने से क्या लाभ? स्थायित्व तो होना ही चाहिए। लोग अपने पक्ष में बहुत सी बातें गढ़ लेते हैं। जीवन को गतिशील बनाने के बहुत से तरीके ढूँढ़ निकालते हैं। दिशा चाहे कोई भी हो, गतिशीलता बनी रहनी चाहिए।

वीराँ की तो बहुत पहले मृत्यु हो गई थी और कला की बेटी ने धीरे-धीरे ससुराल में पैर जमा लिये थे। दोनों बेटे भी अपनी-अपनी पत्नियाँ ले आए थे और माँ से अलग रहने लगे। फिर कभी उन्होंने मुड़कर नहीं देखा। अब पीछे रह गई थीं, अधेड़ावस्था की दहलीज पर पाँव रखे—कला और उसकी छोटी बेटी।

कुछ समय बाद पंजाब में ब्याही बड़ी बेटी ने माँ को अपने पास बुला लिया। छोटी बेटी भी साथ ही आई। बड़ी बेटी माँ के जीवन को अपने जीवन में नहीं दोहराना चाहती थी। पर माँ को बेटी के ससुराल में रहना ठीक न लगा। बेटी की सलाह से माँ को शहर में अपने पति के बॉस के माँ-बाप की देखरेख के लिए भेज दिया। वह छोटी बेटी को लेकर उनकी कोठी में रहने चली गई। घर के कामकाज में दोनों बहुत माहिर थीं। कला का बात करने का तरीका भी बहुत प्रभावशाली था। जब वह आँखों में आँखें डालकर पहाड़ी लय में विनम्रता से बात करती तो सामनेवाला अपना सर्वस्व उसके समक्ष उड़ेल देता।

बूढ़े-बुढ़िया को वह बहुत भाती थी। उस घर के सारे राज व अधिकार स्वयं ही अब उसके पास आ गए थे। या शायद उसने अपने कौशल से हथिया लिये—बात एक ही है। धीरे-धीरे वह इस घर की सर्वे-सर्वा बन गई। बूढ़ा-बुढ़िया पूरी तरह उस पर आश्रित हो गए। वह भीतर-बाहर के सभी काम करती और वह वहाँ क्या-क्या करती, इसे रहस्य बना रहने दिया जाए तो ही अच्छा है। माली या ऊपर का काम करनेवाले सभी नौकर-चाकर उसी से पूछकर काम करते। सच में वह छोटी मालकिन बन गई थी।

उस घर में साथ वाले गाँव से एक ग्वाला सुच्चा दूध देने आता था। कहते तो उसे ग्वाला थे, पर दूध वह भैंसों का ही लाता था। बरसों से वह इस घर से जुड़ा था। घर के सभी सदस्यों को जानता था। जब से छोटी मालकिन

इस घर में आई थी, उसकी जिज्ञासा बढ़ती जा रही थी। वह सोचता गाय और गाय के साथ बछिया कहाँ से और क्यों आई हैं? सोचने-समझने की भाषा और विचार भी अपने क्षेत्र विशेष से ही आते हैं। गाय को तो ग्वालों के खूँटे पर होना चाहिए। यहाँ इनका क्या काम है? वह समझ नहीं पा रहा था कि वे किस रिश्ते से उस घर में रहती थी और किस बल पर सभी पर इतना रोब दिखाती थी। पर वह दूधवाले सुच्चे को ज्यादा कुछ नहीं कहती। बस रसोई से पतीला लाती व दूध डलवाकर उसे चाय पीने के लिए पूछती। वह हमेशा मना कर देता। परंतु एक रविवार को उसने सोचा कि क्यों न चाय के साथ-साथ इसकी वास्तविकता भी जान ली जाए? दोनों ने लॉन की मुँडेर पर बैठकर चाय की चुस्कियाँ लीं और बातों-ही-बातों में अपनी-अपनी रामकहानी एक-दूसरे को सुना दी।

धीरे-धीर लॉन की मुँडेर पर यह चाय का दौर एक रविवार से बढ़कर अकसर और फिर हर रोज होने लगा। एक-दूसरे में उन्हें बहुत अपनापन सा लगने लगा। नजदीकियाँ बढ़ने लगीं और एक दिन बेटी को समझा-बुझाकर कोठी व कोठी वाले उसको सँभालकर, कला सुच्चे की साइकिल पर बैठकर उसके साथ उसके गाँव चली आई।

वहाँ पहुँचकर कला ने देखा कि घर में लँगड़ा सा उसका भाई, भौजाई व तीन-चार बच्चे घूम रहे थे। बाड़े में आठ-दस पशु बँधे थे—भैंसें, कटड़ा-कटड़ियाँ आदि। पता चला कि लाम की लड़ाई, यानी दूसरे विश्वयुद्ध में सुच्चे के भाई की टाँग कट गई थी। उसकी सगाई पहले ही हो चुकी थी। लड़की लँगड़े के साथ शादी नहीं करना चाहते थी और माँ-बाप के लिए भी थूककर चाटना संभव नहीं था। इन्हीं विषम स्थितियों में लड़की को लँगड़े के साथ ब्याह कर देवर सुच्चे के हवाले कर दिया गया। लड़की के लिए दोनों क्षेत्र खुले थे। ये सारी बातें पंचायत के समक्ष मौखिक रूप में हुई थीं। तीन-चार बच्चे किसके थे, भगवान् ही जाने। शायद माँ भी नहीं जानती हो। एक-दो की शक्ल तो चाचे यानी सुच्चे जैसी ही लगती थी। भूरे बाल, भूरी आँखें और तीखे नैन-नक्श। देवरानी व जेठानी में शीतयुद्ध सौतिया डाह में बदल गया।

सुच्चे का बँटना भौजाई को सहनीय न था। कला जब कोठी से सुच्चे के साथ चली थी, तब वह नहीं जानती थी कि वह जूठा और झूठा दोनों है। पर वह आप भी कौन सी दूध की धुली थी!

सुच्चा उसका चौथा आदमी था। जीवित चार बच्चों की माँ, जिनमें से तीन विवाहित, दोहतों—पोतोंवाली थी कला। वह सुच्चे को लेकर जेठ-जेठानी से अलग रहने लगी। कला को रास्ते से हटाने के सारे प्रयास विफल हो गए थे। वह तो बहुत लंबा रास्ता तय कर यहाँ तक पहुँची थी। उसकी यात्रा अभी शेष थी। सुच्चे से भी उसके दो बच्चे—बेटा-बेटी पैदा हुए। हिष्ट-पुष्ट, सुंदर, कंचे जैसी भूरी आँखोंवाले। कला फिर से जवान हो गई। उसने अपना जाल फिर फैला दिया। गाँव के ही दो अविवाहित मंदबुद्धि आदमियों को दाना डाल दिया। वे अकसर दाना चुगने आने लगे। धीरे-धीरे उनके साथ फोटो खिंचवाकर गैर-कानूनी ढंग से उनकी कानूनी पत्नी बनकर कला ने उनकी जमीनें हड़प लीं। अब इस सारी संपत्ति के लिए भाई-बहन कोर्ट-कचहरियों में बिल्लियों की तरह लड़ रहे हैं और फटे-पुराने कपड़ों के ढेर पर एक कोने में लेटी कला अपनी अंतिम साँसें गिन रही थी।

ऐसा कला ने क्यों किया? उसने कहीं पर भी अपनी गति को विराम क्यों नहीं दिया? क्यों दाना डालती चली गई? खुले आसमान, पहाड़ों की शुद्ध हवा में जनमी, पली-बढ़ी हुई कला, गंदी नाली तक कैसे पहुँच गई? क्या औरत का काम केवल बच्चे पैदा करना और पुरुष को रिझाकर उनके लिए दाना इकट्ठा करना होता है, ताकि उम्र भर वे एक-दूसरे को चोंच मार-मारकर लड़ते रहें? बच्चे तो जानवर भी पैदा कर लेते हैं।

कला ने तो कुरुक्षेत्र के मैदान को और भी खुला कर दिया। जहाँ पर कई पीढ़ियाँ जीवन भर युद्ध लड़ती रहें। इस युद्ध का परिणाम केवल विनाश होगा। क्या वह भी गांधारी की तरह आँखों पर पट्टी बाँधकर बच्चों को जनती रही और युद्ध भूमि में धकेलती रही? नहीं-नहीं, उसने तो स्वयं कभी अपनी आँखों पर पट्टी नहीं बाँधी। उसे तो आँखें खुलने से पहले ही ऐसे दलदल में फेंक दिया गया, जहाँ उसका अपना अस्तित्व कुछ भी मायने

नहीं रखता था। जब तक उसकी आँखें खुलीं, वह छली जा चुकी थी। आज जब उसने छलना सीखा, बागडोर अगली पीढ़ी ने सँभाल ली। अब रिश्ते नहीं, पैसे जरूरी हैं। महाभारत का युद्ध जारी है। कौरव कौरवों से लड़ रहे हैं। भाई-बहन एक-दूसरे पर तलवारें तानकर खड़े हैं। परिणाम क्या होगा? अच्छा तो नहीं होगा।

गांधारी, कुंती और द्रौपदी को क्या पितृसत्तात्मक समाज ने अपने-अपने ढंग से प्रयोग नहीं किया? जब गांधारी को धृतराष्ट्र के अंधत्व का पता चला तो आँखों पर पट्टी बाँध लेने से क्या उसके प्रतिशोध या पत्नीत्व को बल मिला? या उसका पलायन या स्वयं को छले जाने की आत्म-स्वीकृत थी? पुरुष को रिझाना, बच्चे पैदा करना व उनके लिए दाना इकट्ठा करना ही क्या एक माँ का कर्तव्य है?

धरती माँ

कच्चिन्न तप्स्ये परमप्रतीतः
संयुज्य पार्थेन नरर्षभेण
वदस्व तत्त्वेन महानुभाव
कोऽसौ विजेता दुहितुर्ममाद्य॥ 17॥

'क्या मेरा ऐसा सौभाग्य होगा कि मैं नर-श्रेष्ठ अर्जुन से द्रौपदी का विवाह करके अत्यंत प्रसन्न हो पाऊँ और कभी भी संतप्त न करूँ? महानुभाव पुत्र! ठीक-ठीक बताओ, आज जिसने मेरी पुत्री को जीता है, वह पुरुष कौन है?'॥ 17॥

—एकनवत्यधिकशततमोऽध्याय, स्वयंवरपर्व
आदिपर्व

'आज रेखा के माँ-बाप वापस गाँव लौटे हैं...तीन जीवित बच्चों को लेकर। रेखा तो साथ नहीं थी। क्या करें बूढ़े व गरीब माँ-बाप? बहुत विवश हैं।'

चेन से बँधे हुए दो कुत्ते चौदह-पंद्रह साल के एक लड़के को खींचते हुए पार्क में घूम रहे थे।

"ओए! यह कुत्ते किसके हैं?" गोलू और कुत्तों को देखकर एक गाँववाले ने प्रश्न किया।

"अंकल, यह दोनों कुत्ते नहीं हैं। एक कुत्ता है, एक कुतिया है। ये मेरे नहीं, मैं तो जीत के कुत्तों को घुमाने लाया हूँ। उनका बेटा इनके बच्चे बेचने का काम करता है। मैं भला कुत्ते कैसे रख सकता हूँ? दो समय की रोटी का जुगाड़ तो होता नहीं।" गोलू ने अपने मन की भड़ास निकालते हुए कहा।

जीत ने अपने बाड़े में दो झुग्गियाँ डलवा रखी थीं। इनमें दो परिवार रहते थे। एक में गोलू व उसके माँ-बाप व दूसरी झुग्गी में बड़ा भाई, छोटी दो बहनें व उनके माता-पिता। जीत का हवेलीनुमा घर बाड़े से थोड़ी दूरी पर ही था, जहाँ वह अपनी पत्नी और इकलौते पुत्र सोनू के साथ रहता था।

गोलू छुटपन से ही मालिक के कुत्तों का काम करता था। उनको खिलाना, घुमाना, अंदर-बाहर बाँधना आदि। वे कुत्ते भले ही घर की रखवाली के लिए नहीं थे, पर गोलू अवश्य ही उनका पूरा ध्यान रखता था। यही उसकी नौकरी थी।

दूसरे परिवार की बड़ी बेटी रेखा मालिक के घर के सारे काम करती थी। उसकी पत्नी अब नकारा हो चुकी थी और वह घर-बाहर का कोई काम अब नहीं कर सकती थी। सारा दिन चारपाई पर पसरी पड़ी रहती थी। सुना था, जरा सा चलने-फिरने से ही उसकी हड्डियाँ भुरभुराने लगती थीं और फिर जो काम दूसरे लोगों से करवाया जा सके, उसके लिए अपनों को क्यों कष्ट देना?

जीत के परिवार की अच्छी-खासी जमीन थी। ठेके पर दे रखी थी। उसके पैसे से घर में खुला खर्चा चलता था। परिवार तो छोटा ही था। एक ही बेटा था, जो कुत्तों को देख-देखकर ही बढ़ा हुआ था।

परंतु इन तीनों परिवारों का संबंध केवल रोजी-रोटी तक ही सीमित नहीं था। वक्त के साथ तीन नई जोड़ियाँ बनीं—जीत व रेखा की माँ विमला, गोलू व रेखा की छोटी बहन नन्ही तथा मालिक का बेटा सोनू व रेखा।

मुख्य कहानी पर छोटी-छोटी प्रासंगिक घटनाएँ हावी होती जा रही थीं। जीत व विमला तो अपनी पुरानी घटनाओं-दुर्घटनाओं को भी दोहराकर अपनी-अपनी जरूरतें पूरी करते रहे। मालकिन को भी ज्यादा शिकायत नहीं थी, क्योंकि वह स्वयं किसी भी काम की नहीं रह गई थी। विमला के पति को भी जीवन-निर्वाह व तीन-तीन बच्चों के पालन-पोषण में सहायता मिल रही थी।

परंतु विमला के बड़े बेटे को कुछ भी अच्छा नहीं लग रहा था। वह माँ-बहनों के ऐसे लक्षण देख घर से चला गया। उसे किसी ने नहीं ढूँढ़ा। उसकी किसी को परवाह नहीं थी। वैसे भी वह करता-धरता तो कुछ था नहीं। बेटियाँ दोनों कमाऊँ हो गई थीं। उसे भी किसी की जरूरत नहीं लगी और वह कभी लौटकर नहीं आया।

सोनू व रेखा तथा गोलू व नन्ही की शिक्षा-दीक्षा यह डेलमेशिअन कुत्ता-कुतिया ही कर रहे थे। वही खाना, वही करना, वैसे ही रहना। यदि कहीं शैक्षिक क्षेत्र में कहीं कोई और कसर रह जाती तो ये बालक फुटपाथीय स्कूलों में प्रवेश ले लेते, जो कदम-कदम पर स्थापित थे। वहाँ सीखने-सिखाने की कोई समय-सीमा भी निर्धारित नहीं थी। कभी भी आया-जाया जा सकता था। प्रवेश लेने की कोई औपचारिकताएँ भी नहीं थीं। कोई प्रवेश परीक्षा पास करनी नहीं थी और न ही कोई रिपोर्ट कार्ड दिखाना था। इन स्कूलों में छात्रों का बहुत ही गर्मजोशी से स्वागत होता था।

विमला एक अनुभवी औरत थी। वह झुग्गी व महलों में रहनेवालों में अंतर करना जानती थी। जानती थी कि आदमी घर का हो या बाहर का उसे क्या चाहिए। घर बड़ा हो या छोटा आदमी को इससे कोई फर्क नहीं पड़ता, उसके लिए घर का एक छोटा सा कोना ही बहुत है, भूख मिटाने के लिए। विमला दोनों तरफ अपनी भूमिका बखूबी निभा रही थी।

नन्ही व गोलू अपने ही दायरे में मस्त थे। उन्होंने न ही बड़े घरों की

ओर नजर उठाकर देखा और न ही उनके सपने सँजोए। जब तक गोलू कुत्ते घुमाकर लाता, नन्ही घर का सारा कामकाज समेट लेती थी। सारा दिन दोनों मौज-मस्ती करते। गोलू के माँ-बाप तो सुबह दिहाड़ी की खोज में निकलकर शाम ढले ही घर लौटते। उतने में नन्ही गोलू के सभी काम कर देती। इनका संसार दो ही झुग्गियों तक सीमित था। बस यहीं तक सिमटा हुआ था।

झुग्गीवाले तो रात होने पर अपनी-अपनी झुग्गियों में लौट जाते हैं, पर वे कहाँ जाएँ, जिनको दिन तो महलों के उजालों में और रात झुग्गियों के घुप अँधेरों में बितानी पड़े ?

रेखा बड़ी हो गई। शादी लायक हो गई। सोनू को भी बड़े-बड़े घरों से रिश्ते आने लगे। बड़े जमींदार का इकलौता बेटा था। रेखा से तो शादी हो नहीं सकती थी। शादी के लिए सभी कुछ न सही, पर कुछ तो बराबरी होनी ही चाहिए। यहाँ तो कुछ भी बराबर नहीं था। मालिक व उसके बेटे सोनू ने रेखा के नाम एक लाख रुपए फिक्स करवा दिए और उसके माँ-बाप को समझा-बुझाकर दूर उनके देश में रेखा की शादी करने की सलाह दी। रेखा से किसी ने नहीं पूछा। वह कोई राजकुमारी तो थी नहीं, जिसकी राय पूछी जाती या स्वयंवर रचा जाता।

रेखा को ब्याह कर पति के साथ भेज दिया गया। वहाँ जाकर साल-दर-साल तीन-चार बच्चे भी हो गए। उनके लिए कोई विशेष प्रयोजन की आवश्यकता नहीं थी।

चाहे उठाने से पहले राय अंबा की भी नहीं ली थी भीष्म ने, पर रेखा कोई अंबा तो थी नहीं। बाद में अंबा ने क्या-क्या किया या भीष्म ने क्या-क्या सहा, यह एक अलग विषय है। सुभद्रा की तो बात ही कुछ और थी। उसे तो स्वयं कृष्ण ने ही सुनियोजित ढंग से अपने अंतरंग मित्र पार्थ के साथ भगाया था। यहाँ सीधी-सादी रेखा की क्या थी औकात ?

आज रेखा के माँ-बाप वापस गाँव लौटे हैं, तीन बच्चों को लेकर। सुना है, उन लाख रुपयों के कारण रोज घर में क्लेश होता। रेखा का शराबी पति उसे पीटता, उन पैसों की माँग करता। पैसे निश्चित अवधि के लिए फिक्स

करवाए गए थे। पैसों की अवधि शेष थी, पर बड़ी बेटी रेखा की अवधि समाप्त हो चुकी थी। उसे पति ने जला दिया और वह दूध पीते छोटे बच्चे को गोद में लेकर ही चिता पर भस्म हो गई थी। धरती में समा गई।

क्या वह माँ सीता थी? सीता तो स्वयं अपने संपूर्ण व्यक्तित्व सहित अपनी माँ धरती की गोद में बैठ गई थी। उसे उसकी माँ ने सँभाल लिया था। पर रेखा को किसने सँभाला होगा? वह तो चीखती-चिल्लाती राख बनकर बिखर गई होगी। न ही उसे किसी माँ ने सँभाला और न ही किसी ने उसके जलने का प्रतिशोध लिया। यज्ञ भी होते रहे, दक्ष भी जीवित रहा और रिश्ते भी सभी चलते रहे। जली तो बस रेखा ही। संसार तो पूर्ववत् ही अपनी गति से चलता रहा। यदि रेखा में जरा सी वक्रता होती तो शायद आज बच जाती।

अपने मन में किसी और पुरुष को स्थान देकर दूसरे आदमी से जुड़ने के लिए विवश औरतों की नियति क्या 'अंबा' जैसी ही होती है? पांचाली या सुभद्रा की तरह जिन लड़कियों को कोई सखा या भाई-बंधु नहीं सँभालता, क्या वे इसी तरह जलती रहेंगी?

वह भी भाग गई

आत्मापराधात् पुत्रास्ते विनष्टाः पृथिवीपते।
मा तान्शोचस्व राजेन्द्र न हि शोकेऽस्ति कारणं नम्॥ 35॥

पृथ्वीनाथ! आपके पुत्र अपने ही अपराध से विनाश को प्राप्त हुए हैं। राजेंद्र! उनके लिए शोक न करो; क्योंकि शोक के लिए कोई उपयुक्त कारण नहीं है॥ 35॥

—अष्टमोऽध्याय, जलप्रदानिकपर्व

स्त्रीपर्व

माँ डॉक्टर के कमरे से बाहर आई और कुरसी पर बैठी अपनी सत्रह वर्षीय बेटी के पेट पर तड़ातड़ तीन-चार बार दोनों हाथ बहुत जोर से मारे। जैसे किसी के मरने पर औरतें छाती पीटती हैं, कुछ वैसे ही उसने अपना और अपनी बेटी का पेट पीटा— "कुतिया, किन कुत्तों के साथ खेलती है ऐसे गंदे-गंदे खेल?" छाती पीटने से न ही कोई जीवित होता है और न ही पेट पीटने से कोई मरता है।

उसी वर्ष पति की मृत्यु और अब ये। बेटी चार माह के गर्भ से थी। राजो बहुत बुरी तरह से टूट गई थी। आज जब उसने पेट दर्द बताया तो वह उसे लेकर गाँव के वैद्य के पास दिखाने चली आई। वह सोच भी नहीं सकती थी कि ऐसा भी हो सकता है। राजो वहाँ से सीधे घर गई और एक पुराने से बैग में थोड़ा सा सामान डालकर बेटी को बाजू से खींचते हुए कहीं चली गई। कहाँ चली गई, नहीं मालूम।

पाँच माह बाद लौटी तो राजो की गोद में एक नन्ही सी कली, यानी बिटिया थी। वह राजो की थी या उसकी बेटी की यह जरूरी नहीं। शक्ल-सूरत तो माँ-बेटी दोनों से ही मिलती थी। सुना था कि बेटी को तो वही दूर ही कहीं रफा-दफा कर आई थी। अब आगे की यात्रा शुरू हुई—नानी राजो और गुड़िया की।

राजो जब से ब्याह कर ससुराल आई और जब तक बेटी ने चौदह पार किए, तब तक के एक-एक दिन का विश्लेषण करने लगी। 'मैंने कहाँ गलती की या परिवार के किस सदस्य से कहाँ चूक हुई?' वह इन बातों पर सिलसिलेवार सोचती। भरे-पूरे परिवार में ब्याह कर आई थी राजो। कहीं कोई कमी नहीं थी। न रिश्तों की, न धन-दौलत की और न ही सुविधाओं की। दादा-दादी जब तक जीवित थे, हद से ज्यादा प्यार करते अपनी पोती को, क्योंकि उनके घर में तो लक्ष्मी आई थी। लक्ष्मी कब सत्रह के भीतर कुलक्षणी बन गई, पता ही नहीं चला। अब वह बीते हुए एक-एक दिन का बहुत ही बारीकी से विश्लेषण करती और कोशिश करती कि जो कुछ बेटी की परवरिश में कमियाँ रहीं, वे न दोहराई जाएँ।

अपने पति की तरह मैदान राजो भी छोड़ सकती थी, परंतु उसे अभी एक प्रयोग और करना था। बेटी प्रयोग की सामग्री—गुड़िया उसे दे गई थी। अब परिवार में कोई दूसरा तो नहीं रह गया था। बचे थे केवल राजो और गुड़िया। परीक्षा अब राजो की थी। किसी और की भूमिका पर प्रश्नचिह्न लगाने के लिए अब कोई बचा ही नहीं था। उसे लगता कि बेटी के समय में तो बाप था, दादा-दादी थे, जिन्होंने उसकी बेटी को बिगाड़ दिया होगा। अब तो वह अकेली थी। 'अपने अनुसार अपने ही तरीके से वह उसकी परवरिश करेगी, कहीं पर भी कोई चूक नहीं होने देगी।' ऐसा उसने सोचा।

गुड़िया स्कूल जाने लगी। राजो साथ जाती। दो-तीन घंटे वहीं पेड़ के नीचे घास पर बैठी रहती और तुलना करती अपनी बेटी से। सोचती कि उसे तो चार-पाँच वर्ष तक स्कूल ही नहीं भेजा था। सारा दिन बाप-दादा गोद में उठाए घूमते रहते थे। राजो सोचती, गुड़िया को स्कूल वक्त पर डालकर उसने ठीक किया और स्वयं ही अपनी पीठ थपथपाती। एक पल के लिए भी गुड़िया को अपनी आँखों से दूर नहीं करती। एक छाया की तरह उसके पीछे-पीछे चलती रहती। नटखट गुड़िया ने प्राइमरी पास कर ली। अब उसे पढ़ाई करने के लिए गाँव से थोड़ी दूर शहर में जाना था। राजो ने अपनी गुड़िया को लड़कियों के स्कूल में ही दाखिला दिलवाया। बेटी के साथ हुई दुर्घटना के बाद उसके मन में सहशिक्षा स्कूल की पढ़ाई करवाने का डर सा व्याप्त हो गया था। वह नहीं चाहती थी कि उसकी गुड़िया लड़कों के साथ खेले या उनके साथ पढ़े।

शायद राजो यह नहीं मानना चाहती थी कि उम्र कोई भी हो, स्त्री-पुरुष एक-दूसरे के पूरक होते हैं। एक-दूसरे के बिना अधूरे होते हैं। अर्धनारीश्वर की परिकल्पना का आधार भी तो यही है। परंतु हाँ, समय से पूर्व सीमाओं का अतिक्रमण करना उचित नहीं होता। पर यदि समय-सीमा ही सिकुड़कर छोटी हो जाए तो कोई क्या करे? राजो तो बस इतना ही जानती थी कि भाई, पति और बेटा इन तीन सीढ़ियों से होकर गुजरना होता है बहन, पत्नी और माँ को। यही स्त्री जाति की सार्थकता है। राजो को तो गुड़िया की सीमाएँ निर्धारित करने व बाहरी दुनिया से सलीके से पेश आने की शिक्षा देनी थी।

राजो स्वयं गुड़िया को स्कूल के लिए बस चढ़ाने जाती व वापस भी स्वयं ही लेकर आती। 'बस चलानेवाला ड्राइवर तो पुरुष था, पर शुक्र है कि बस में बच्चों का ध्यान रखने व उनके स्टॉप्स पर चढ़ाने-उतारने के लिए स्कूल वालों ने एक महिला नियुक्त कर रखी थी।' गुड़िया को ट्यूशन पढ़ाने के लिए भी एक महिला टीचर ही घर पर आती।

गुड़िया धीरे-धीरे लंबी होने के साथ ही बड़ी होने लगी। वह बस में भी ड्राइवर व कंडक्टर दीदी को छिट-पुट बातें करते व हँसते हुए दिखती। स्कूल में भी साइंस वाले सर व इंगलिश वाली मैडम की नजदीकियों को बहुत ही ध्यान से समझने का प्रयास करती। गुड़िया कक्षा की मॉनिटर थी। जब भी कॉपियाँ लेने स्टाफ रूम में जाती तो अकसर उन दोनों को एक ही सोफे पर बैठ हँस-हँसकर बातें करते देखती। उसका नन्हा मन उलझने सा लगा। वह सोचती कि जब यह लोग बातें करते हैं तो वे इतने खुश नजर क्यों आते हैं? हमारे घर में तो कोई आदमी है ही नहीं। मैं और नानी अकेले रहते हैं। फिर हमारे घर में खुशी कैसे आएगी? पता नहीं, वह कौन सी खुशी की बात सोचकर चिंतित थी।

नानी की छत्रच्छाया में गुड़िया ने सही-सलामत चौदह पार कर लिये। अब वह नौवीं कक्षा में आ गई। अच्छी कद-काठी व साढ़े पाँच फीट लंबी इस लड़की पर एक दिन स्कूल के पी.टी. यानी शारीरिक प्रशिक्षण अनुदेशक की नजर पड़ी। उसने दो-तीन और लड़कियों के साथ गुड़िया को भी प्रार्थना सभा के बाद मिलने के लिए अपने स्पोर्ट्स रूम में बुलाया। उसने उन सभी लड़कियों का सिर से पैर तक मुआयना किया और शाम को पाँच बजे स्कूल के मैदान में खेलने के लिए बुलाया। गुड़िया तो सभी क्षेत्रों में आगे रहनेवाली लड़की थी। अब नानी शाम को स्वयं उसको थ्री-व्हीलर में उसके साथ बैठकर उसे खिलाने ले जाती और जब तक गेम खत्म न हो जाता, वहीं बैठी रहती। कोशिश करती कि कोई अन्य सवारी उसकी गुड़िया को छू भी न ले। बीच में अड़कर वह स्वयं बैठ जाती।

समय बीत रहा था। राजो का काम बढ़ गया था और शरीर ढीला पड़ रहा था। गुड़िया का बाहर से तो पूरा ध्यान रखती, परंतु उसके मन में

क्या चल रहा है, वह यह नहीं जान पाई। टीम की और लड़कियाँ राजो का उसके साथ आने पर गुड़िया का मजाक उड़ाती। वे कहतीं, 'तुम कोई दूध पीती बच्ची थोड़ी हो, जो तुम्हारी नानी तुम्हें पकड़कर साथ-साथ घूमती है। जब हम मैच खेलने दूसरे शहरों में जाएँगे तो क्या तुम्हारी नानी भी साथ ही जाएगी?' गुड़िया को याद ही नहीं था कि उसने कभी अपनी माँ का दूध भी पिया हो या उसे देखा भी हो। नानी ही उसकी सबकुछ थी। उसने अपने माँ-बाप को भी कभी नहीं देखा। उनका कोई साथ था ही नहीं। गुड़िया की दुनिया तो नानी तक ही सीमित थी। अब वह अन्य लड़कियों के नजरिए से सोचने लगी। वह सोचती, 'अब मेरी नानी भी बूढ़ी होने लगी है। कैसे जाएगी मेरे साथ दूर-दराज के शहरों में?'

अब वह नानी को समझा-बुझाकर खेलने के लिए शाम को अकेले ही जाने लगी। जब तक वह लौटकर नहीं आती, राजो आँगन में चारपाई पर बैठी उसका इंतजार करती रहती। अब गुड़िया ने दसवीं की परीक्षा पास कर ली थी। खेल में उसकी दिलचस्पी निरंतर बनी हुई थी। वह सोचती कि कम-से-कम उसे राष्ट्रीय स्तर तक तो खेलना ही चाहिए। खेल क्षेत्र की लड़कियाँ उसका आदर्श बन चुकी थीं। पी.टी. सर ने छात्राओं को थिएटर में 'दंगल' फिल्म दिखाई। बहुत दिनों तक उसकी आँखों के आगे गीता-बबीता ही घूमती रहीं। गुड़िया खेल क्षेत्र में ही अपना भविष्य तलाशने लगी।

एक दिन राज्य स्तरीय खेल प्रतियोगिताएँ उन्हीं के शहर में हुईं। अन्य राज्यों से आए हुए खिलाड़ियों के रहने व खाने की व्यवस्था गुड़िया के स्कूल के खिलाड़ियों को ही करनी थी। इसी क्रम में न जाने कब और कैसे दूसरे स्कूल का बारहवीं का छात्र नृपेंद्र ग्यारहवीं कक्षा की गुड़िया के मन को भाने लगा। बात चल निकली। मिलने-मिलाने के बहाने ढूँढ़ने लगे। गाड़ी आगे निकल गई, नानी राजो बहुत पीछे छूट गई। खेल-खेल में ही गुड़िया नृपेंद्र की हो गई। वह उसके साथ भागकर चली गई या धीरे-धीरे पैदल गई, उससे कोई अंतर नहीं पड़ता। पूर्णतः नृपेंद्र के साथ चली गई। राजो की परवरिश पर फिर प्रश्नचिह्न लग गया। अब तो और प्रयोग करने का समय भी नहीं बचा था। उस सीमा के अतिक्रमण की दिशा स्वयं भगवान् ने तय की थी।

सुभद्रा को भी तो अर्जुन भगा लाया था और उसे भगाने में भगवान् श्रीकृष्ण ने सहायता की थी। यदि अर्जुन सुभद्रा का न होता तो चक्रव्यूह-भेदन और सत्य-असत्य पक्ष का निर्णायक अभिमन्यु का जन्म कैसे होता? विधि का यही विधान होगा। प्रभु ने ऐसा ही चाहा होगा।

अभिमन्यु के चक्रव्यूह-भेदन को माता-पिता से प्राप्त शिक्षा से जोड़ना कितना उचित है? द्रौपदी या सुभद्रा के अभिभावकों द्वारा की गई अच्छी परवरिश क्या उनके जीवन की समस्याओं का हल निकाल सकी? कुंती अकेली महाभारत में अपने पुत्रों को क्या विजय दिलवा सकती थी? कृष्ण का मार्गदर्शन व सारथित्व ही तो पांडवों का भाग्यविधाता नहीं था? यदि सुभद्रा और पार्थ के परिणय-संबंध में से कृष्ण को निकाल दिया जाए तो क्या फिर भी वह विवाह समाज में उचित स्थान पा लेता?

सारथी

इन्दं तु मे महद् दुःखं तुल्यतायाम पुत्रता।
दिष्टयांत्विदानीं भुर्तुर्मे कुन्त्यामस्ति संततिः॥ 4॥

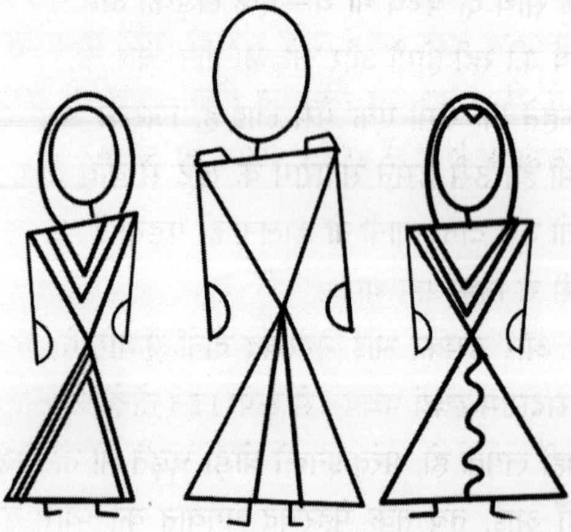

परंतु इस बात का मेरे मन में बहुत दुःख है कि मैं और कुंती देवी दोनों समान रूप से आपकी पत्नियाँ हैं तो भी उन्हें तो पुत्र हुआ और मैं संतानहीन ही रह गई। यह सौभाग्य की बात है कि इस समय मेरे प्राणनाथ को कुंती के गर्भ से पुत्र की प्राप्ति हो गई है॥ 4॥

—त्रयोविन्शत्यधिकशततमोऽध्याय, संभवपर्व

आदिपर्व

एक सौतन को छोड़कर आई और दूसरी सौतन पहले से ही घर में बैठी थी। कोई करे भी तो क्या करें? अपना-अपना मुकद्दर है।

प्रेमो चाची दो बच्चे लेकर सदाराम चाचे के घर में रहने चली आई। वह वहाँ तक कैसे पहुँची, यह भी एक लंबी कहानी है। संक्षेप में बताऊँ तो प्रेमो चाची के पड़ोसी गाँव की रामो बहन भी विपरीत हालातों के हाथों ठगी हुई पहले से ही इसी गाँव में जमी हुई थी। उसे यहाँ लगभग पंद्रह वर्ष हो गए थे। वह गाँव के सभी घरों की जानकार हो गई थी। वह जानती थी कि कहाँ किस चीज की कमी है और कहाँ अधिकता। वही प्रेम चाची को सदाराम चाचे के लिए लाई थी। सदाराम तो पिछले लगभग पचपन वर्ष से हमारा चाचा था, परंतु प्रेमो को चाची बने अभी कुछ ही वर्ष हुए थे। प्रेमो जब इस गाँव में आई तो उसके साथ दो बच्चे भी थे—एक लड़का और एक लड़की। लड़की सात-आठ वर्ष की रही होगी और लड़का तीन-चार का। स्वर्ण कौर व स्वर्ण सिंह। लोग कहते कि रामो एक भैंस लाई है, जिसके साथ एक कटड़ा और एक कटड़ी भी हैं। उसे उसने सदाराम के खूँटे से बाँध दिया है। जब खूँटे से पशु बँधा हो तो उसे दाना-पानी तो डालना ही पड़ता है। सो वह काम सदाराम बड़ी ईमानदारी से निभा रहा था।

सदाराम और उसका भाई मेहरचंद दोनों कुँवारे थे। बड़ा लगभग साठ वर्ष का और सदाराम स्वयं पचपन से ऊपर। इन दोनों के लिए कुँवारा विशेषण चाहे उचित नहीं लगता हो, परंतु इनको घोड़ी चढ़ते भी तो किसी ने नहीं देखा। जब प्रेमा यहाँ आई, तब तक मेहरचंद भगवान् को प्यारा हो चुका था। जो दुनिया को प्यारा नहीं होता या दुनिया में जिसका कोई नहीं होता, वह भगवान् को प्यारा होता है। भगवान् उसका होता है। अब तो इस घर में रह गए थे, बस प्रेमो, सदाराम और दो बच्चे। बड़ा सा घर था और आठ-दस एकड़ जमीन।

पर नंदी कहाँ जाए? अब यह नंदी कौन है? क्या शिव के मंदिर की चौखट पर बैठा शिव का बैल नंदी? नहीं, नंदी तो स्त्रीलिंग है। पर काम वह नंदी बैल जैसा ही करती है। सदाराम की विशेष प्रिया। हरदम उसका भला चाहनेवाली, भला करनेवाली बेचारी सत्तर वर्ष की बुढ़िया—नंदी। जब भी

सदाराम अपने काम से लौटता तो अक्सर दो-तीन लिफाफे सामान से भरे हुए लेकर नंदी के घर का रास्ता नापता। उसका घर ज्यादा दूर नहीं था। पाँच-छह बच्चों की माँ, विधवा बुढ़िया नंदी अपनी कोठरी में अकेली ही रहती थी। गाहे-बगाहे वह सदाराम के घर आकर उसका चूल्हा-चौका, साफ-सफाई, घर के कामकाज आदि करती देखी गई।

प्रेमो का पहला पति इन दो बच्चों का बाप था। वह एक औरत को घर में ले आया था। कुछ वर्ष तक प्रेमो अपना स्थान ग्रहण के लिए जूझती रही। वह अपना पतिव्रत धर्म निभाती रही, परंतु उस औरत ने प्रेमो की एक न चलने दी। इसी बीच प्रेमो दो बच्चों की माँ बन गई। शुक्र है रामो बहन का, जो प्रेम की पीड़ा को समझकर उसे सदाराम के पास ले आई। पर यहाँ भी पहले से ही नंदी बैठी थी। पर कहाँ प्रेम चालीस-पैंतालीस वर्ष की और कहाँ नंदी सत्तर पार! प्रेम ने नंदी से अपनी तुलना बिल्कुल नहीं की और न ही वह उसके मुकाबले मैदान में आई। प्रेमो ने नंदी को अपनी बड़ी मान लिया। इस तरह से घर में शांति बनी रही। पांचाल की द्रौपदी भी तो एक ही समय में अपने पाँच पतियों की अलग-अलग ढंग से सेवा-सुश्रुषा करती थी। किसी की पत्नी बनकर, किसी की माँ व किसी की बहन बनकर। लिखित में कोई ऐसी समय-सारणी तो नहीं थी, जिस पर किसी के हस्ताक्षर हों। प्रेमो, नंदी व सदाराम के संबंधों में भी कोई लिखा-पढ़ी नहीं हुई थी और न ही कोर्ट-कचहरी से ही कोई प्रमाण-पत्र लिया गया था। अग्नि को साक्षी मानकर भी कोई वादे नहीं हुए। प्रेम को सदाराम के दरवाजे तक पहुँचा दिया गया व उसने दरवाजा खोल दिया। कुछ रिश्ते इन सभी बातों से बाहर भी होते हैं और वे बहुत ही घनिष्ठ व प्रगाढ़ हो जाते हैं।

नंदी बस दो साल और चली। पाँच वर्ष बाद सदाराम नौकरी से सेवानिवृत्त हो गया। सदाराम को दो-दो पेंशनें मिलतीं। एक-दूसरे विश्वयुद्ध में भागीदारी के लिए और दूसरी इस नौकरी की।

भले ही बूढ़े सदाराम के अपने आँगन में कोई फूल नहीं खिला, परंतु प्रेमो और उसके बच्चों के सहारे उसका जीवन मजे से कट रहा था। प्यासे के

पास कुआँ स्वयं चलकर आ गया था। और प्यासे को क्या चाहिए? सदाराम ने बेटी स्वर्ण कौर की शादी बड़े धूमधाम से की। पिता की हैसियत से बेटी के ससुरालवालों से परिचय भी किया। बेटा भी बड़ा हो रहा था। बहुत ही विनम्र व आज्ञाकारी पुत्र। जब भी सदाराम अपनी पत्नी व पुत्र स्वर्ण सिंह के साथ कहीं बाहर जाता तो बहुत मान महसूस करता। सोचता कि चलो देर से ही सही, मेरे मुँह में गंगाजल डालने व मेरी अर्थी को कंधा देनेवाला तो वाहेगुरु ने भी कोई भेजा। प्रभु का हर साँस में लाख-लाख शुक्रिया करता। स्वर्ण सिंह के कंधे चढ़कर सदाराम रिटायरमेंट के बाद बहुत जल्दी ही यह दुनिया छोड़कर चला गया। उसे यही तो चार दिन सुख के मिले, परंतु भगवान् ले जाने से पहले जानेवालों से परामर्श तो नहीं करता।

सदाराम के चले जाने के बाद प्रेमो चाची का जीवन फिर अंधकारमय हो गया। न जाने क्यों सदाराम की मृत्यु के बाद प्रेम को ऊटपटांग विचार आने लगे। जैसे वह थोड़ा पगलाने लगी। ऊपर से वे जमीन-जायदाद पेंशन व जी.पी. फंड के पैसों के विषयों में कुछ नहीं जानती थी। बेटा भी अभी इन सभी चीजों से अनजान था, परंतु रामो अभी जीवित थी। इसी परिवार का एकमात्र सहारा। उसे फिर मैदान में आना पड़ा। उसकी सभी बड़े-बड़े अफसरों से जान-पहचान थी। उसने स्वर्ण सिंह को रिकॉर्ड में सदाराम का बेटा प्रमाणित करवा दिया और स्वयं सदाराम बनकर उस घर के सारे काम स्वयं करने या करवाने लगी।

परंतु प्रेमो का मानसिक संतुलन बिगड़ता चला गया। जैसे गोकुल छोड़ देने के बाद पगलाई सी गोपियाँ गलियों में कान्हा-कान्हा पुकारती घूमती थीं, वैसे ही प्रेमो गाँव की गलियों में सदाराम के नाम की रट लगाए कहीं पर भी बैठकर रोने लगती। इसी पागलपन में कभी दुपट्टा, कभी कमीज तो कभी-कभी तो सलवार भी उतार फेंकती। यह बहुत चिंता का विषय था। वह गाँव की बहू थी। सदाराम एक भला-मानुष था। उसकी इज्जत सरेआम गलियों में नंगी हो, यह तो किसी को भी गवारा न था। रामो बहुत चिंतित थी। गाँव की औरतें चुगली करतीं। कहती, 'प्रेमो के दिमाग में तो गंद यानी काम चढ़ गया

है। उसे उतारना पड़ेगा।' यह बात सुनकर रामो को एक सूत्र सूझा। वह यह सूत्र आजमाना चाहती थी।

जेठ की तपती दोपहर थी। रामो के घर के एक कमरे में पंखा-कूलर दोनों चल रहे थे, परंतु वह स्वयं बाहर अकेली पहरेदारी कर रही थी। कई दिनों से उसने प्रेमो को अपने पास ही बुला रखा था। वह दरवाजे का बाहरी साँकल चढ़ाकर रखती, ताकि प्रेमो बाहर न निकल सके। रामो के देखते-ही-देखते एक आदमी उसके घर के भीतर चला गया। रामो ने जैसे उसे देखा ही नहीं। वह बाहर पहरेदारी करती रही। लगभग दो घंटे बाद वह आदमी बाहर आया व अपने रास्ते चला गया। रामो ने देखा कि धीरे-धीरे प्रेमो की हालत में सुधार आने लगा। शायद प्रेम के सिर से काम का भूत उतरने लगा था। रामो को लगा, उसका तांत्रिक काम कर गया। उसके लिए यह एक बड़ी कामयाबी थी। रामो अपने आप को बड़ी मनोचिकित्सक समझने लगी। उसे लगा, 'डिग्रियाँ इकट्‌ठी करने से ही तो बड़े डॉक्टर नहीं बनते, जीवन के अनुभव भी बहुत-कुछ सिखा जाते हैं।'

अब रामो ने प्रेमो के बेटे की भी शादी करवा दी है। स्वर्ण की पत्नी रामो की पुत्रवधू की ही भानजी है। सदाराम का घर फिर से बस गया। चाहे वह इस दुनिया में नहीं है, पर घर तो उसी का है ना। प्रेमो भी अब बेहतर है। बेटे के घर में ही बाहर वाले कमरे में एक कुत्ते के साथ रहती है। उसी के साथ उठती-बैठती है। दोनों घर की व एक-दूसरे की रखवाली करते हैं।

कभी-कभी अपने अतीत की घटनाओं को सूत्रबद्ध करते हुए प्रेमो सोचती कि रामो बहन अगर मेरी 'सारथी' न होती तो मेरी कितनी दुर्दशा होती!

क्या विदुर के बिना कुंती अपने पुत्रों सहित लाक्षागृह से जीवित निकल पाती? भले ही असुरक्षित अँधेरों में रहनेवाली माँ कुंती ने पांडुपुत्रों के जीवन में अँधेरा नहीं रहने दिया, परंतु यह सब विदुर काका के बिना संभव न हो पाता। एक पत्नी अनेक पतियों या एक पति अनेक पत्नियों के साथ न्याय न कर पाते। माद्री, हिडिंबा या सुभद्रा भी सौतिया डाह की आग में तो अवश्य जली होंगी। जब भीम और अर्जुन ने पत्नी स्वरूप और स्त्रियों को अपने जीवन में

स्थान दिया, फिर भाई नकुल और सहदेव ने स्वयं को बहु–पत्नियों से वंचित क्यों रखा ? उन पर तो भ्राता युधिष्ठिर जैसी भी कोई जिम्मेदारी नहीं थी ! क्या वे दोनों भाई माँ माद्री की मनोदशा और कुंती और माद्री के मतभेद या मनभेद से जन्म से पहले ही तो परिचित न थे ?

ताउम्र पांडवों की विपरीत स्थितियों में रक्षा करने में क्या कुंती अकेली सक्षम थी या उसे किसी का साथ प्राप्त था ? सुभद्रा के आने पर पांचाली की मानसिक स्थिति कैसी होगी ? क्या वह स्वयं में कुछ अधूरापन ढूँढ़ती होगी, जिसकी पूर्ति के लिए उसका पति अर्जुन सुभद्रा को लेकर आया ?

माँ, क्षमा करना!

अहं चेत् क्षत्रियो जातो न प्राप्तः क्षत्रसत्क्रियाम्।
त्वत्कृते किं नु पापीयः शत्रुः कुर्यान्ममाहितम्॥ 6॥

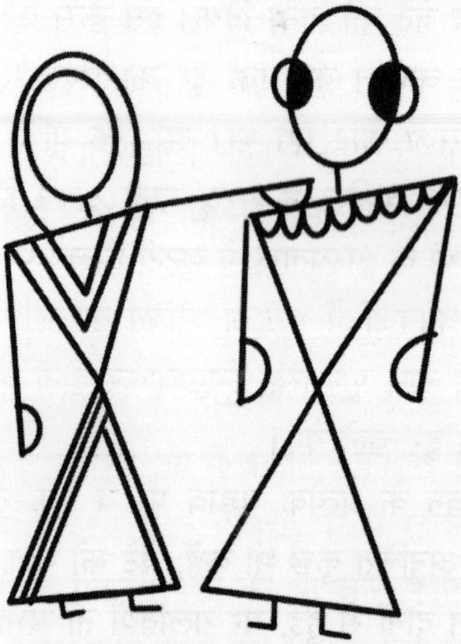

यद्यपि मैं क्षत्रिय कुल में उत्पन्न हुआ था तो भी तुम्हारे कारण क्षत्रियोचित संस्कार से वंचित रह गया। कोई शत्रु भी मेरा इससे बढ़कर कष्टदायक एवं अहितकारी कार्य और क्या कर सकता है?॥ 6॥

—षट्चत्वारिंशदधिकशततमोऽध्याय, भगवद्यानपर्व

उद्योगपर्व

देवर और भाभी तोशी जेल में आमने-सामनेवाली कोठरी में कैद थे। देवर सींखचों के पीछे से भाभी के पेट में पल रहे अपने बच्चे की हरकतों को महसूस कर रहा था। वह सोचता कि दो महीने ही तो रह गए हैं, फिर तो वह उसे अपनी गोद में उठाकर खिलाया करेगा। देवर ने अपनी माँ और भाभी ने अपनी सास, यानी दोनों ने मिलकर एक औरत को मारकर आँगन के कुएँ में ही फेंक दिया। इसी जुर्म की सजा ये दोनों जेल में काट रहे थे। पति कहीं दूर शहर में पैसे कमाने गया हुआ था। देवर-भाभी में संबंध बने। जब माँ ने रोकना चाहा तो दोनों ने मिलकर इस रुकावट को ही अपने रास्ते से हटा दिया।

तोशी भाभी के प्रसव का समय आ गया। निर्देशानुसार उसने सरकारी अस्पताल में स्वस्थ बेटे को जन्म दिया। इस केस की पैरवी राणा वकील कर रहा था। राणा वकील का एक दूर का रिश्तेदार भी किसी जुर्म के लिए इसी जेल में सजा काट रहा था। उसे एक युक्ति सूझी। वह रिश्तेदार अविवाहित था। राणा वकील ने सरजू यानी अपने रिश्तेदार की जमानत करवाई व तोशी भाभी के अस्पताल से छुट्टी मिलने पर दोनों की साँठ-गाँठ करवा दी। उनको कागजों में भगोड़ा घोषित करवा दिया गया। अस्पताल में बेटे के पिता का नाम पूर्ण सिंह लिखवाकर दोनों को कहीं दूर जाने के लिए कह दिया। वे दूर चले गए।

धीरे-धीरे जीवन के प्रत्येक पड़ाव पर वे एक-दूसरे को सहारा देते रहे। इसे उचित या अनुचित कुछ भी कहें, बेटे को माता-पिता दोनों ही मिल गए थे। 'गलती उन दोनों से हुई, पर गलतियाँ तो सभी से होती हैं—किसी से छोटी, किसी से बड़ी।' सुना था, देवर बेटे का मुँह देखे बिना ही अपनी सजा काटकर अँधा होकर अपने घर की दीवारों से माथा फोड़-फोड़कर मर चुका था। अब उस मकान में उल्लू बोलते होंगे या मरी हुई सास पहरा देती होगी, नहीं मालूम।

जेल से भागने के बाद पूर्ण सिंह ने छोटी-मोटा नौकरियाँ करके घर-बार खड़ा किया। तोशी भी घर बैठे ही टपर-वेयर की वस्तुओं की चीजें

बेचकर थोड़ा पैसे का जुगाड़ कर लेती व घर चलाने में पति का साथ देती। नौकरी के सिलसिले में पूर्ण सिंह अलग-अलग राज्यों में जाता रहा, परंतु उसने अपना परिवार हमेशा साथ ही रखा। उसकी तोशी से दो बेटियाँ और पैदा हुईं। पूर्ण सिंह के माँ-बाप के मर जाने पर अपने हिस्से में आई जमीन बेचकर उसने शहर में एक बड़ी सी कोठी बना ली और परिवार समेत उसमें रहने लगा। उसे गाँव में रहना ठीक नहीं लगा। हालाँकि उसने तोशी को अपनी वैध पत्नी बताया, पर उसे हमेशा ऐसा लगता, जैसेकि गाँववाले पूरी सच्चाई जानते हों।

बड़े दोनों बच्चों की शादी करवाकर पूर्ण सिंह, तोशी और अपनी छोटी बेटी के साथ शहर में रहने लगा। परंतु उसका व्यापार में अब मन न लगता और परिणामस्वरूप घर की स्थिति गिरने लगी। पर तोशी बहुत अनुभवी औरत थी। वह जानती थी कि कम में घर कैसे चलेगा। उसने कोठी के ऊपर वाली दो मंजिलें किराए पर चढ़ा दीं।

वह एक कातिल थी, यह बात बच्चो तक न पहुँचे, इसलिए वह बहुत सावधान रहती थी। पर पूर्ण सिंह न ही व्यापार में रुचि लेता और अब तो हर रोज शराब भी पीने लगा था। कभी-कभी शराब पीकर वह सड़क पर गिरा मिलता। माँ-बेटी दोनों घसीटकर उसे घर तक लातीं। 'बापू ने बेइज्जती करवा रखी थी'। सगा या सौतेला एकमात्र भाई दूर किसी अन्य शहर में नौकरी करता था। वह तो रोज-रोज बापू को सँभालने के लिए आ-जा नहीं सकता था। पर उसने और तोशी ने मिलकर छोटी बेटी के हाथ पीले करवा दिए। घर-परिवार अच्छा था और दामाद मेहनती। कुछ वर्षों बाद, एक दिन बापू पूर्ण सिंह शराब पीकर धुत लेटा और दोबारा कभी नहीं उठा। बापू पूर्ण सिंह चल बसा, जीते-जी अपनी पूर्ण-अपूर्ण जिम्मेदारियाँ निभाकर।

पर अब तोशी का क्या होगा? जो जेल से भगाकर लाया था, अब उसे अकेला छोड़कर चला गया। वह भी बूढ़ी हो गई थी।

छोटी बेटी माँ के स्वभाव से परिचित थी। उसने माँ के सभी उतार-चढ़ाव देखे थे। छोटी बेटी, माँ की प्रिय। वह जानती थी कि माँ उसके ससुराल

नहीं आएगी। वह हमेशा से ही अपने ही परिवार तक सीमित थी। और अब तो छोटी के पति की नौकरी भी विदेश, अमेरिका में लग गई थी। माँ का वे क्या करें? कहाँ रखें? अकेला रहना उसके लिए ठीक न था। न ही तोशी उनके पास जाना चाहती थी और न ही वे उसे विदेश की अनिश्चितताओं में ला सकते थे। उसके भाई या बड़ी बहन ने कोई दिलचस्पी नहीं दिखाई। छोटी ने बड़ी मुश्किल से मिन्नतें करके भाई को माँ के पास रहने के लिए राजी किया। सोचा कि भाई माँ को सँभाल लेगा और वह स्वयं इधर से निश्चिंत होकर अपना घर-परिवार देख पाएगी। भाई को माँ के पास छोड़कर वह अमेरिका में अपने पति के पास चली गई। जाते-जाते माँ का हाल-चाल जानने व बात करने के लिए एक मोबाइल फोन खरीदकर दे गई। सोचा कि जब भी मन करेगा, माँ से बात कर लिया करेगी, शक्ल भी देख लिया करेगी। लेकिन सभी कुछ वही तो नहीं होता, जैसा हम सोचते हैं।

जब कभी भी छोटी माँ से बात करती तो उसे केवल माँ की सिसकियाँ व हिचकियाँ सुनाई देतीं। बेटी बहुत परेशान हो जाती। वह माँ के अतीत से पूर्णतः अनभिज्ञ थी। यदि उसे पता होता तो वह ऐसा निर्णय न लेती। उसे किसी ने बताया ही नहीं, परंतु उसने भी तो किसी से पूछा नहीं था। वह माँ की सिसकियों का कारण स्वयं को समझने लगी। वह आत्मग्लानि से दहक रही थी। उसे कोई रास्ता ही नजर नहीं आ रहा था। वह जब भी अमेरिका से आती तो माँ उसे समझा-बुझाकर भेज देती। जीवन में कुछ परदे ऐसे होते हैं, जिन्हें न तो सभी के सामने उघाड़ा जाता है और न ही इन विषयों पर खुलकर बात की जा सकती है। ये गुनाह तो भीतर-ही-भीतर सालते रहते हैं। तोशी अपनी छोटी को क्या बताए कि उसकी माँ दादी की कातिल है या उसका भाई किसी और बाप से है? इस बारे में थोड़ी-बहुत जानकारी हालाँकि बड़ी बेटी और बेटे को थी। उन्होंने तोशी और पूर्ण सिंह को इस बारे में बात करते सुना था। शायद इसलिए वे खुद को इन सब झंझटों से दूर रखना चाहते थे।

माँ दिन-प्रतिदिन बूढ़ी हो रही थी। बूढ़े होने के साथ ही उसके दिमाग

का संतुलन भी बिगड़ रहा था। छह फुट ऊँची, लंबी औरत पूरी तरह से विवश हो चुकी थी। उसकी आवाज चीखों में बदल चुकी थी। उसके हर एक प्रश्न का उत्तर केवल चीख ही होता। टूटी सी चारपाई पर एक कोने में गठरी सी पड़ी बनी लेटी रहती। बोलती तो सिर्फ गालियाँ निकालती। बहू पोते-पोतियों आते-जाते ठोकर मार जाते। उसकी किसी को जरूरत नहीं थी। जिसे जरूरत थी, वह विदेश में बैठी थी। उसकी भी वहाँ पर अब पूरी घर-गृहस्थी थी। करे भी तो क्या करे?

तड़फती छोटी बेटी कभी अपने भाई को तो कभी अपनी बड़ी बहन को फोन लगती। उत्तेजित होकर बड़ी ने एक दिन छोटी को सबकुछ बता दिया। छोटी ने यकीन करने से ही मना कर दिया। वह जिस तरह से अपनी माँ को जानती थी, वह वैसी ही ठीक थी। उसे किसी और रूप में कुछ और स्वीकार ही नहीं था। समय बहुत आगे निकल चुका था। इन सबके अब क्या मायने? छोटी बेटी सोचती कि उसने स्वयं ही अपनी माँ को इन राक्षसों के हाथों सौंप दिया था और अब उन हिंसक पंजों से छुड़ाने का सामर्थ्य उसमें नहीं थी।

अब माँ से अधिक प्यारी माँ की एकमात्र संपत्ति थी कोठी। माँ नहीं चाहिए थी, परंतु लाखों की जायदाद चाहिए थी। माँ तो माँ होती है। बाप चाहे एक न हों, पर तीन भाई-बहनों की माँ तो एक ही थी। माँ तो धरती थी। सभी कुछ सहन करती रही। एक दिन ऐसे ही चीखते-चिल्लाते इस दुनिया से विदा हो गई। बेटे-पोतों ने मिलकर दफना दिया, ठिकाने लगा दिया। बेटियों को बताना भी जरूरी नहीं समझा। उनका मायका उजड़ गया। बैठने को भी स्थान नहीं बचा।

'माँ जिंदा थी कोठी दी सांजन, माँ मोई, धी वेहड़े दी'। (माँ जीवित तो बेटी घर की, माँ मृत तो बेटी आँगन की।)

बेटियों का आना माँ-बाप के सिवाय किसी को भी नहीं सुहाता। विदेश में बैठी छोटी बेटी प्रतिशोध की आग में जलने लगी। उसने भाई दुर्योधन के विपक्ष की कमान सँभाल ली। उसे याद आया कि कैसे एक-एक करके माँ

ने इस घर को बनाया था। बापू तो शराबी था। बापू ने चाहे जद्दी-जमीन बेचकर चार दीवारें खड़ी कीं, पर उसे घर तो माँ की सूझ-बूझ ने ही बनाया था। माँ के बिना इस आशियाने को देखकर छोटी का जी बहुत जलता। बात कोर्ट-कचहरी तक पहुँच गई। बहुत वर्षों तक अलग-अलग स्तर पर केस चलते रहे। दीवानी मुकदमों की समय-सीमा भी तो निर्धारित नहीं होती। जब तक कोर्ट ने निर्णय दिया, दोनों पक्ष माँ को भूलकर कोठी के बँटवारे तक ही सीमित हो चुके थे। सभी अपने-अपने स्तर पर टूट चुके थे। सभी के अपने-अपने घर थे, परंतु माँ से कोठी के बँटवारे तक पहुँचे कलह का निर्णय होना तो अभी शेष था। तीनों बच्चे कोठी के बराबर के हिस्सेदार बने। तीनों का रिकॉर्ड में बाप एक ही था। भाई का बाप कौन था, इस बात को छोटी बेटी प्रमाणित नहीं कर सकी। माँ मर चुकी थी। वह सभी की या किसी की भी नहीं थी। यह उसे प्रमाणित करने की आवश्यकता नहीं थी। वह तो केवल मात्र तीन बच्चों की माँ ही थी।

आज छोटी बेटी अपना बोरिया-बिस्तर समेटकर भारत लौट आई है। माँ के मकान के आगे खड़ी होकर एक-एक दिन को याद करती है। इसी गली से चलकर स्कूल-कॉलेज जाया करती थी। इस आँगन में सहेलियों के साथ स्टापू खेलती थी। बाहर कुरसी पर बैठकर पढ़ती थी। माँ कभी चाय, कभी दूध, कभी चबाने के लिए कुछ और तथा कभी-कभी तो खाना भी प्लेट में डालकर बाहर ही दे जाती थी। सोचती थी कि उसकी बेटी बड़ी क्लास में हो गई है, उसकी पढ़ाई में कोई बाधा नहीं पड़नी चाहिए। वह तो पढ़ाई में दोनों भाई-बहन से तेज थी। माँ-बेटी की दुनिया एक-दूसरे में सिमट आई थी। भीतर जाकर माँ का बक्सा खोलती है। एक-एक चीज को देखकर उससे जुड़ी यादें ताजा हो जाती हैं। उसी बक्से में पड़ा एक उपन्यास देखकर हायर सेकेंडरी की विदाई पार्टी याद आ जाती है। आँखें नम हो जाती हैं। मन स्कूल के गलियारे में विचरण करने लगता है और इस स्मृति चिह्न का महत्त्व बहुत बढ़ जाता है। याद आती हैं अपनी अल्हड़ जवानी की वे बातें, जब इन अर्थहीन विषयों के बारे में कुछ पता ही नहीं

था। अच्छा होता, यदि आज भी इन बातों का न पता होता। बक्से में से माँ का फटा सा दुपट्टा सिर पर ओढ़कर बीते हुए कल का··माँ और अपने अतीत का विश्लेषण मूल्यांकन करते हुए सोचती—'क्या हासिल किया? कुछ भी तो नहीं। जिस इज्जत को छुपाते-छुपाते माँ मर गई, उसी को हमने कोर्ट-कचहरी में उछाल दिया··तार-तार कर दिया।'

'क्या यह मेरी माँ का पांचाली की तरह भरी सभा में नग्न होने से कम था? कतई नहीं, रत्ती भर भी नहीं। कर्ण कुंती का ही पुत्र था। यह बात साबित हो चुकी थी। यदि यह बात माँ पहले बता देती तो शायद महाभारत का युद्ध ही न होता।' परंतु इस शायद के लंबे अंतराल में सिमटी समय-सीमा या उस जवानी की भूलों का पश्चात्ताप वह दुनिया के सामने कैसे करती? क्या जवाब देती? कौन मिट्टी डालता उसकी भूलों पर? जो बात माँ ने छिपाई, उसी को उसके अपने बच्चों ने जगजाहिर कर दिया। माँ धरती थी। उसं मिट्टी में ही मिलना था, पर ऐसे बेइज्जत होकर तो नहीं। माँ क्षमा करना। शकुनी के चौसर के खेल की ज्वाला ने जड़ संपत्ति को ही नहीं, बल्कि माँ द्रौपदी के चीर को भी विध्वंस कर दिया। उसे पूर्णतः जला दिया। क्षमा!

यदि कुंती कर्ण के जन्म का रहस्य सभी को बता देती तो क्या महाभारत का युद्ध टल जाता? क्या भारतीय समाज में 'अकेली' औरत और उसकी संतान को 'वैधता' प्राप्त है?

बेटा लौटा लाई ?

सा तु लब्ध्वा पुनः संज्ञां विक्रुश्य च विलप्य च।
दुर्योधन मभि प्रेक्ष्य शयानं रुधिरोक्षितम्॥ 2॥
परिष्वज्य च गान्धारी कृपणं पर्यदेवयत्।
हा हा पुत्रेति शोकार्ता विललापाकुलेन्द्रिया॥ 3॥

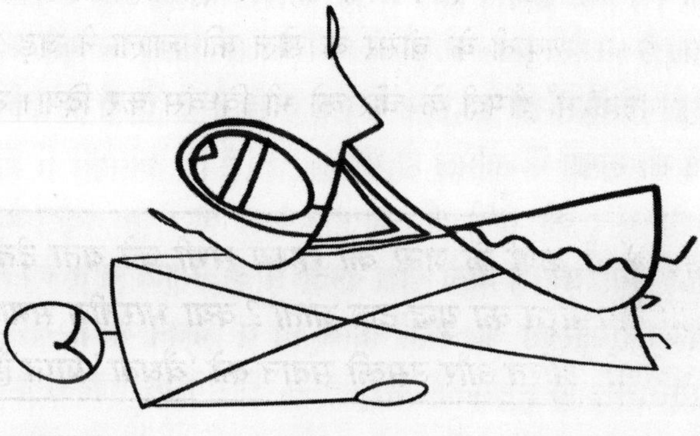

पुनः होश में आने पर अपने पुत्र को पुकार–पुकारकर वह विलाप करने लगी। दुर्योधन को खून से लथ–पथ होकर सोया देख उसे हृदय से लगाकर गांधारी दीन होकर रोने लगी। उनकी सारी इंद्रियाँ व्याकुल हो उठी थीं। वे शोक से आतुर हो 'हा पुत्र! हा पुत्र!' कहकर विलाप करने लगी॥ 2–3॥

—सप्तदशोऽध्याय, स्त्रीविलापपर्व

स्त्रीपर्व

सत्यवती ने वेदव्यास को बुलाकर अपने पुत्रों की नपुंसकता को जाहिर होने से बचा लिया, यानी ढक लिया, प्रतिज्ञाबद्ध भीष्म काशी-कन्याओं को उठा लाया और हस्तिनापुर को वारिस मिल गए। फिर महाभारत के बीज कहाँ पड़े या इसमें अंबा, अंबिका, अंबालिका, गांधारी, कुंती या द्रौपदी की क्या भूमिका थी? चेतना भी अपनी निजता या अपने ही प्रश्नों के उत्तर की तलाश में आज कुरुक्षेत्र के मैदान में खड़ी है।

"...माँ। कहाँ हो?" वह रुआँसा होकर बोला।

"...नीचे तक ही तो गई थी बेटे, यहीं तो हूँ। क्या हुआ? अब तू बड़ा हो गया है। दिसंबर में दस साल का हो जाएगा। ऐसे चिपकू मत बनाकर, बाप की तरह। उसका चल रहा है, तेरा नहीं चलेगा।" चेतना ने बहुत दूर की सोचकर कहा। यह सुनकर वहीं उपस्थित मॉम-बॉय पिता चाँद का अवचेतन मन धिक्कारने लगा। वह सोचता, 'मैं ऐसा क्यों हूँ? प्यार तो माँ भी करती है और पत्नी भी। प्यार कम-ज्यादा तो नहीं होता। प्यार तो प्यार ही होता है। एक यूनिट होता है। उसे तोड़ा-मरोड़ा तो नहीं जा सकता। फिर मुझे क्या हुआ? मैं पत्नी व बच्चों से इतनी दूर क्यों चला आया?' चाँद भी बेटे की दर्द भरी दबी-घुटी सी रुलाई में शामिल हो गया।

चेतना-चाँद की शादी को ग्यारह वर्ष हो गए। शुरू-शुरू के डेढ़-दो साल ठीक लगे, जब वे दोनों माता-पिता से दूर अलग रहते थे। चेतना का यह प्रोविजनल पीरियड था। उसने कमरे को घर बनाने में जी-जान लगा दी, लेकिन सास ने आकर उसकी सारी मेहनत की नेगेटिव मार्किंग कर दी और दुबारा से मूल्यांकन की सुविधा भी न दी। बाल बनाने, कपड़े पहनने और घर के प्रत्येक काम को करने के ढंग को नकारकर सास ने चेतना के संपूर्ण व्यक्तित्व पर प्रश्नचिह्न लगा दिया। सास अनुभवी थी। वह जानती थी कि यदि दुबारा मूल्यांकन हुआ तो उसकी सारी पोल खुल जाएगी और उसकी भविष्य के लिए बनाई गई योजना का बहू परदाफाश कर देगी। बहू की योग्यता से सास स्वयं को असुरक्षित महसूस करने लगी थी।

इसी दौरान चेतना ने एक बेटे को जन्म दिया। उसे लगा कि गृहस्थी

पटरी पर चल रही है। परंतु एकल परिवार में पली-बढ़ी बेटियाँ बहुत से अनुभवों से अछूती रह जाती हैं। वे सास-ननदों व रिश्तेदारों की पॉलिटिक्स को समझ नहीं पातीं, न ही माँ-बाप ने सिखाया होता है। माँ-बाप सोचते हैं कि बेटी पढ़-लिख गई, अपने पैरों पर खड़ी होकर लायक बन गई; लड़का अच्छा है, ठीक-ठाक कमाता है। बेटी की शादी करके सोचते हैं कि जीवन की सबसे बड़ी जिम्मेदारी निभा ली। अनुभवी माता-पिता भी यह नहीं सोच पाते, जिस परिवार में लड़के की परवरिश हुई है, उनकी मानसिकता कैसी है, वे क्या चाहते हैं? समधी, यानी कि एक जैसी बुद्धि या बौद्धिक स्तर—पहले तो यहीं पर गड़बड़ हो जाती है। फिर इस तरह के भिन्न सामाजिक व मानसिक स्तरवाले परिवारों के बच्चों के बेमेल विवाह घाटे में ही रहते हैं। लेकिन अनजाने में ऐसी गलतियाँ हो जाने पर बेटी या बेटा को बलि का बकरा तो नहीं बनाया जा सकता।

इसी दौरान चेतना दो बच्चों की माँ बन गई। दूसरा तो अनचाहा ही था। चेतना चाहती थी, चाँद नहीं चाहता था और उसके माँ-बाप तो बिल्कुल भी नहीं। माँ फेंक दे क्या? माँ फेंक सकती है क्या? पति-पत्नी के रिश्तों में दरार आने लगी, पति जिम्मेदारियों से भागने लगा और माँ उसे पूरी शह देने लगी। सास-ससुर, जो पहले बेटे को मोबाइल से ही दूर बैठकर कंट्रोल करते थे, अब वे बेटे के साथ रहने लगे, बिल्कुल वैसे ही जैसे पहले कभी बेटा माँ-बाप के साथ रहता था। रिश्ते दरकने लगे, पटरी से उतर गए, क्योंकि घर-गृहस्थी का रिमोट सास ने बहू से छीन लिया था। सास सारे परिवार पर हावी हो गई। चेतना के रिश्ते हाथ से फिसल गए और सास ने उनको हड़प लिया। चेतना तंग आकर घर से दूर नौकरी करने लगी। वह जब भी घर जाती, चाँद को किसी भी बहाने घर से भगा दिया जाता। पति-पत्नी में एक बिस्तर तो दूर की बात, एक शब्द भी साझा न हो पाता। चेतना खाली हाथ लौट आती। न पति मिलता, न बच्चों का पिता। चाँद अपने माँ-बाप के संरक्षण में स्वयं को सुरक्षित महसूस करता। माँ उसके पैसों की एवज में उसके सभी एशोआराम पूरे कर रही थी। वह पत्नी का सामना नहीं कर सकता था। चेतना की आँखों

में झलकते प्रश्नों का उसके पास कोई उत्तर नहीं था। जब कभी चाँद का अवचेतन उसे कोसता तो उसका बेटा आँखों से ओझल हुई माँ को ढूँढ़ता।

वैसे तो चाँद अपने बेटे में अपना अतीत, वर्तमान और भविष्य देखता तथा इस सबके विपरीत असर को शायद समझ पा रहा था, परंतु वह कुछ न कर पाने के लिए विवश था। वह दो पीढ़ियों से इस परिवार की त्रासदी को महसूस कर रहा था। बेटा तीसरी पीढ़ी का वारिस था।

वह पेट को पकड़कर, झुककर बहुत ही गहरी व दर्द भरी आवाज में अपनी माँ को पुकारता। बच्चे की आँखों में एक भय बना रहता। वह परिवार में रहते हुए भी स्वयं को असुरक्षित महसूस करता। माता-पिता के दरकते रिश्तों की दरार को वह महसूस तो करता था, पर शायद समझ नहीं पा रहा था। दोनों माँ-बाप रहते तो एक ही छत के नीचे थे, परंतु दादी ने अपने बेटे को घर व मन के कमरे में बंद करके भीतर से साँकल चढ़ा रखी थी। वह नहीं चाहती थी कि बहू को बेटे की एक झलक भी दिखे। बच्चे भी पिता का साथ चाहते, पर वे अभी दादा-दादी के बैरिकेट को तोड़ने में समर्थ नहीं थे। कुरुक्षेत्र के मैदान तक आने में बहुत समय लगा। कुछ रास्ते में मिट गए और कुछ मैदान में आकर मिट गए।

लेकिन सभी कुछ वैसा ही नहीं होता, जैसा हम सोचते हैं। बाहर-भीतर बनाई गई दीवारों के रंग-रोगन उतर जाते हैं। वह ढह जाती हैं और साँकल स्वयं ही पेच ढीले हो जाने पर टूटकर जमीन पर गिर जाती हैं। टूटी-फूटी दीवारें और छतें बोलने लगती हैं। कानों सुनी बातें व दीवारों पर ठुकी हुई कीलों के निशान अपना दर्द बयान करने लगते हैं। भीतरी रहस्य जगजाहिर हो जाते हैं और पेट पकड़कर रोनेवाला बच्चा बड़ा हो जाता है, समझने लगता है और गवाह बन जाता है माँ के दर्द भरे अतीत का, जिसे देखकर भी पिता कुछ न कर पाया, क्योंकि वह पैदा ही अपाहिज व अपंग हुआ था।

ऐसे ही युद्ध की भूमिका तैयार हो जाती है। विद्वेष में प्रस्फुटित हुए बीज पक्ष-विपक्ष में खड़े हो जाते हैं। अर्जुन व दुर्योधन सरेआम आमने-सामने टकरा जाते हैं। भगवान् कृष्ण भी ऐसे युद्ध को नहीं रोक पाते। स्थितियाँ ही

ऐसी बन जाती हैं। उन्हें भी किसी-न-किसी का सारथी बनना पड़ता है। एक पक्ष को न्याय की आशा में कुरुक्षेत्र की कोर्ट-कचहरी में जाना ही पड़ता है, विपक्ष को गीता पर हाथ रखकर अपना पक्ष रखना पड़ेगा। वर्तमान पीढ़ी भावी पीढ़ी से अपने प्रश्नों का उत्तर चाहती है। इन्हीं उत्तर-प्रत्युत्तर के झगड़ों में कई पीढ़ियाँ तबाह हो जाती हैं। सभ्यताएँ, संस्कृतियाँ केवल शब्द बनकर रह जाती हैं। वे अपने अर्थ खो देती हैं। परिभाषाएँ बदल जाती हैं और कोई गांधारी पेट की क्षुधा शांत करने के लिए पुत्रों की लाशों के ढेर पर खड़ी होकर भी काँटेदार बेरियों के बेर खाने को विवश हो जाती है और किसी बेटे की लाश को कंधे पर रखकर जीवित समझकर लौटा लाती है। काश, महाभारत का युद्ध न होता, न ही ऐसी स्थितियाँ बनतीं कि अपनों को ही पक्ष-विपक्ष में खड़ा होना पड़ता। और न ही शेष बचे संबंधियों को विनाश का तांडव देखना पड़ता।

बच्चों के रिश्ते जोड़ते हुए अभिभावकों को क्या मापदंड सुनिश्चित करने चाहिए? क्या परिवारों में मानसिक मेल भी एक मापदंड है? क्या सत्यवती के पिता ने देवव्रत से अपनी पुत्री के अजनमे पुत्र के लिए हस्तिनापुर का सिंहासन माँगकर कुरुक्षेत्र का बीज पहले ही तो नहीं रोपित कर दिया था? भले ही वह पुत्र भविष्य में कैसा ही बने या कैसी ही परिस्थितियाँ बनें?

भाभी का भाई—शकुनी

संवासससमयो जीर्ण इत्याभाष्य ततस्तु तान्।
हिडिम्बा समयं कृत्वा स्वां गतिं प्रत्यपद्यत॥ 40॥

तदनंतर हिडिंबा पांडवों से यह कहकर कि भीमसेन के साथ रहने का मेरा समय समाप्त हो गया, आवश्यकता के समय पुनः मिलने की प्रतिज्ञा करके अपने अभीष्ट स्थान को चली गई॥ 40॥

--चतुष्पन्चाशदधिकशततमोऽध्याय, हिडिंबावधपर्व

आदिपर्व

बुढ़िया की निगाहें अपने से दो सीट छोड़कर आगे बैठे आदमी पर टिकी थीं। वह गरदन घुमा-घुमाकर विभिन्न दृष्टिकोणों से उसे पहचानने का प्रयत्न कर रही थी। न जाने वह उसमें क्या खोज रही थी या उसमें क्या देखना चाहती थी! आदमी भी क्या, वह सत्तर-पचहत्तर साल का बूढ़ा था। फटी सी कमीज व धोती पहने, सिर पर घिसी सी बोट-शेप हिमाचली टोपी टिकाए अपने आसपास से बेखबर वह बड़े आराम से बैठा था। पैरों में पहने चमरौधे जूतों से झाँकती छोटी उँगली बूढ़े की माली हालत की चुगली कर रही थी। होगा कोई आसपास के इलाके का अवांछित बूढ़ा। पर न जाने उस बुढ़िया को उसमें क्या दिख रहा था! वह उसकी तरफ देखती और फिर माथे के किनारों पर अँगूठे व हाथ की बीच वाली उँगली से दबाव डालकर सोचने लगती। भीतर से आवाज आई—'क्या यह वही है? उसने अपनी हालत ऐसी क्यों बना रखी है? क्या उसे कोई रोग तो नहीं लग गया? वह तो बड़े गठीले शरीर का गबरू हुआ करता था। बिल्कुल सोहणी-सुनक्खी पहाड़ी खच्चर की तरह। चंचल कजरारी आँखें। उठ, जाकर पूछ लो, फिर उसका या मेरा स्टेशन आ जाएगा।'

बुढ़िया की आँखों के आगे अतीत एक रील की तरह घूमने लगा। जब भाई भाभी को ब्याह कर लाया था, ब्याह कर भी क्या, थोड़ा-बहुत ले-देकर लाया था, भाभी का भाई भी 'रुन्गा' स्वरूप साथ आया था। घर में कोई औरत नहीं थी। चूल्हा जलाने व घर चलाने के लिए कोई औरत तो चाहिए ही थी। घर में दो भाई केसर व मेहरसिंह व एक छोटी बहन मनजीत कौर थी। माँ-बाप न जाने, थे भी या नहीं। सुना था, दोनों प्लेग से मर गए थे। माँ-बाप के प्यार का एक भी अनुभव इन तीनों को याद नहीं। घर में इन बच्चों के दो बूढ़े ताये थे, जो बच्चों के जवान होने पर बूढ़े गए थे। कौन बच्चा किसका था, इसका भी किसी के पास कोई प्रमाण-पत्र नहीं था। पर यह बात पक्की थी कि माँ तीनों बच्चों की एक ही थी, घर भी एक ही था और जमीन भी इकट्ठी ही थी। कुछ भी नहीं बँटा था। इन्हीं शेष दो बूढ़ों के संरक्षण में तीनों बच्चे बड़े हुए। थोड़ी-बहुत जमीन जोतकर व दो-तीन

भैंसों का दूध बेचकर व खा-पीकर ठीक से गुजारा कर रहे थे। यदि अमीरी का कोई मजा नहीं था तो गरीबी का कोई अहसास भी नहीं था। ऐसी कोई इच्छा भी नहीं थी, जिसका अधूरापन किसी को सालता हो। सभी कुछ बड़े मजे से चल रहा था।

घर में नई-नवेली दुल्हन आई और साथ में उसका छोटा भाई मेहमान बनकर आया। मकान घर बनने लगा, पर्वों-उत्सवों के मायने बदल गए। भाभी और भाई का रोज आतिथ्य होता, अच्छे-अच्छे पकवान बनते। भाभी काम में ननद का हाथ बँटाने लगी। दोनों को बहुत अच्छा लगने लगा। खाना बनाना, काम करना और सो जाना...यही तो जीवन नहीं है। दूसरे खून में अपनेपन की तलाश भी तो कुछ होती है। मनजीत को भाभी का भाई कँवर अच्छा लगने लगा। न जाने वह कब उसमें इतना घुल-मिल गई, उसे पता ही नहीं चला। दशहरे से लेकर दीवाली तक कई त्योहार आए। करवा चौथ भी आया। उसने पड़ोसवाली दादी से पूछकर विधि-विधान से भाई की सलामती के लिए भाभी से व्रत रखवाया। भाभी इन व्रत-त्योहारों के विषय में ज्यादा कुछ नहीं जानती थी। वह तो ऐसे परिवार से थी, जहाँ पर केवल पेट भरने की चिंता ज्यादा की जाती थी। उस दिन मनजीत का भी किसी के लिए व्रत रखने का मन किया। उसने लुक-छिपकर कँवर के लिए करवा चौथ का व्रत रखा। उसका हर समय घर में रहना उसे बहुत अच्छा लगने लगा। समय कब बीत जाता, पता ही न चलता। एक दिन भैया-भाभी ने कँवर को अपने घर, यानी भाभी के मायके भेज दिया, न जाने क्यों? पता नहीं उन्हें उनकी आँख-मिचौनी पर शंका हुई या घर पर कोई काम होगा।

तीन-चार साल बाद मनजीत कौर का विवाह एक किसान के बेटे से कर दिया। उनकी दस-बारह एकड़ जमीन थी। भाइयों को लगा कि बहन भूखी तो नहीं मरेगी। ससुराल-परिवार बहुत बड़ा था। सास ही पूरे साम्राज्य की एकमात्र सम्राज्ञी थी। वह एकदम जवान। ससुर तो क्या, घर के सभी बड़े-बूढ़े आदमी उसी के आसपास चक्कर लगाते थे। इसी दौरान मनजीत कौर दो बच्चों की माँ बन गई, परंतु पति उसे परिवार में उचित स्थान नहीं

दिला सका। परिवार में किसी ने उसे अपनाया नहीं। सात-आठ साल भैंसों का गोबर उठाकर व बाहर का काम करके बिता दिए, परंतु पाँव ससुराल की जमीन पर नहीं जम सके। किसी ने जमने ही नहीं दिए। बीच-बीच में कभी मायके आ जाती, पर दो-दो बच्चों के साथ भाई-भाभी भी उन्हें कितने दिनों तक रख पाते! वह फिर अपनी सास के घर लौट जाती। उसके माता-पिता तो थे नहीं, जो उसे किसी भी रूप में स्वीकारते। वह बेपैंदे के लोटे की तरह इधर-उधर लुढ़कती रही—आधारहीन, पैरों के नीचे जमीन के बिना।

बहुत दिनों के बाद जब वह रिश्तों की कड़वाहट झेलने के लिए अपने आप को मजबूत बना चुकी थी, उसके पति परमेश्वर उसे दो बच्चों सहित अपने दोस्त के ट्रक में बिठाकर दूर उत्तर से दक्षिण भारत ले गए। वहाँ की उन्हें भाषा भी समझ नहीं आती थी। वहाँ सड़क किनारे उसके पति ने एक छप्परनुमा पंजाबी ढाबा खोल लिया, जहाँ पर आते-जाते उत्तर भारतीय ड्राइवर चटखारे ले-लेकर अपने घर जैसा खाना खाते। वह भोजन तैयार करती और उसके पति बड़ी-बड़ी थालियों में खाना परोस देते। वे लोग बहुत अपने से, अपने भाई-बंधुओं जैसे लगते। जब कुँवारी थी, उसके भाई भी ट्रक चलाया करते थे और महीनों बाद घर लौटते थे। आज वह सोचती कि उसके भाई भी तो ऐसे ही गुजारा करते होंगे। पैसों की खातिर जमींदारों के बच्चे ऐसे भी घर से निकल जाते हैं।

"...माँ तुझे सलाम।
लाड़ली
घर कब आओगे
जिद्दी boy
सुख मंगदी ड्राइवरा तेरी
मेहंदी वाले हथ जोड़ के
चंदरे नोटाँ ने मेरा चन्न परदेसी कित्ता।
दिल में रोता रहा, आँखों से रो न सका।
या

जिंदगी गुजर गई सड़कों पर, घर में सो न सका।
P.K. 100 जावीं
13 मेरा 7 रहे

ड्राइवर बेटों, भाइयों, प्रेमियों व पतियों की जीवन-गाथा तो टूटे-फूटे अक्षरों में ट्रकों के पीछे घिसटती चली जाती है।"

ओहो, यह तो विषय से भटक गई। लो, अब लौट आई है। उन्हें लगने लगा कि हमारे अच्छे दिन लौट आए हैं। बच्चे भी स्कूल पढ़ने लगे। वे अच्छा कमाने लगे। पाँच-छह साल बीत गए। एक दिन सोचा कि चलो पंजाब चक्कर लगा आएँ और उनको बता दें कि हम अपने बच्चों को कमाकर पाल सकते हैं। पर न जाने वाहेगुरु को क्या मंजूर था, वे अपने पंजाबी भाई के साथ व किराया बचाने के चक्कर में उसके ट्रक में बैठ गए। सोचा कि अपनों के साथ सफर अच्छा कट जाएगा। अभी दस मील का सफर भी तय नहीं किया, जान-पहचान, परिचय की बातचीत भी पूरी न हुई थी कि ट्रक का एक्सीडेंट हो गया। पता नहीं, कितने दिनों बाद आँखें खुलीं व देखा कि मनजीत किसी अस्पताल में पड़ी है। सिरहाने अश्रुपूरित नेत्रों से खड़ा भाई केसर टकटकी लगाए उसे निहार रहा है, पति व दोनों बच्चे उसी एक्सीडेंट में खत्म हो गए। उसकी दोनों टाँगों पर पलस्तर लगा था। एक आँख नकारा हो चुकी थी। सारे शरीर में जगह-जगह दर्द होता था। भाई बहन को अपने घर ले आया। टाँगों में लोहे की सलाखें डाली गई थीं। भाभी ने सेवा की। वह चलने-फिरने लगी। उसकी टाँगें उसके शरीर का बोझ उठाने लगीं। वह सभी कुछ भूलकर भाई के घर का सारा काम करने लगी। लगा कि अभी कुछ ऋण बाकी है, तभी तो मरते-मरते बच गई। समय बीतता गया। एक दिन कँवर पत्नी व दो बच्चों सहित फिर अपनी बहन के घर रहने आ गया। वहाँ उसका काम-धंधा ठीक नहीं चल रहा था। उसका आना उसे बहुत अच्छा लगा। लेकिन मनजीत को कुछ अच्छा लगे, भगवान् को यह कतई मंजूर न था। भाई ने जमीन में से

मनजीत के हिस्से के लिए उसके ससुरालवालों पर केस डाल रखा था। केस तो दीवानी था, काफी लंबा चला, परंतु उसे भी मायके में रहते हुए काफी समय हो गया था। फैसला मनजीत के हक में हुआ, परंतु जमीन का विभाजन हो, यह ससुरालवालों को कतई मंजूर न था। और जमीन तो 'जट्ट की माँ' होती है। उसका विभाजन तो संभव ही नहीं था। जरूरत तो मनजीत की भी कहीं नहीं थी, लेकिन फिर भी उसके ससुर ट्रॉली भरकर अपने रिश्तेदारों को लाए और मनजीत को ले गए, ताकि जमीन का टुकड़ा बचा रहे। न चाहते हुए भी उसे जाना पड़ा।

ट्रॉली में बैठते ही वह जोर-जोर से रोने लगी। कोशिश करने पर भी उसका रोना नहीं रुक रहा था। जोर-जोर से सिसकियाँ आने लगीं, गला रुँध सा गया, जैसे बरबस बाँध लगाकर पानी रोकने का प्रयास हो रहा था। मायके का सारा मोहल्ला उसके साथ रो रहा था। क्या किस्मत लेकर पैदा हुई? न माँ-बाप, न पति, न बच्चे, न कोई और! पर इन सबके लिए तो वह पहले रो चुकी थी, फिर आज यह रोना किसके लिए? शायद भाभी के भाई कँवर के लिए। मनजीत की नाव की पतवार फिर बीच मंझधार में टूट गई। वह ससुराल चली आई। वहाँ पहले से भी बदतर सलूक होने लगा। उसका दुनिया में कोई न था। विधवा का दुनिया में कोई नहीं होता या बहुत सारे होते हैं, जो उसे मंजूर न था।

नजदीक ही एक गुरुद्वारे में अनाथ बच्चों के लिए एक आश्रम था, जिसका रख-रखाव गुरुद्वारा प्रबंधक कमेटी करती थी। मनजीत ने सोचा कि दो रोटी ही तो खानी है, जमीन का मैं क्या करूँगी? क्यों न आश्रम में जाकर अनाथ बच्चों का खाना आदि बना दिया करूँ! वहीं पड़ी रहूँगी।

अपनी सीट से बुढ़िया उठी और झिझकते हुए उसके पास जाकर धीरे से बोली, "भाई साहिब तुसीं कित्थों आए हो?"

"···क्यों···की गल्ल···, तुहानूँ मैथों कोई कम्म ए?"

"नहीं, कम्म ताँ कोई नहीं।"

वह वापस अपनी सीट पर आकर बैठ गई। सोचने लगी कि कँवर को

तो वह पहचानती है। वह तो ऐसा नहीं था। इतनी बेरुखी से तो वह बोल ही नहीं सकता। शायद मुझे गलती लगी, पर पता··न··हीं।

मामा कुंतीभोज के पास पली-बढ़ी कुंती सूर्यपुत्र कर्ण को जन्म देकर पांडु से नाममात्र का विवाह-संबंध जोड़कर पाँच पांडवों की माँ बनी, परंतु सदैव विपरीत परिस्थितियों में लुढ़कती रही। परीक्षित के जन्म तक भी वह द्रौपदी के मायामहल की दीवारों से चिपकी रही, जबकि महल के भीतर उसका प्रवेश अवांछित था। उसकी किसी को कोई जरूरत नहीं थी।

यदि पांडु धृतराष्ट्र की कोई दूर-पास के रिश्ते में ही बहन होती और कोई शकुनी गांधारी के साथ आता और इस कहानी की नायिका का करवा चौथ का व्रत सार्थक हो जाता तो शायद शकुनी का दृष्टिकोण ही बदल जाता और महाभारत का युद्ध ही न होता। पर ऐसा संभव हुआ ही नहीं। सोचने से क्या होता है और 'शायद' शब्द तो बेमानी हो जाता है। क्या कृष्ण ने स्वयं महाभारत रोकने की कोशिश नहीं की थी? जब पाप का घड़ा भर जाता है तो वह तो पहले छलकता है, फिर रिसने लगता है और अंत में स्वयं ही फूट जाता है। कारण चाहे कोई भी बना।

क्या महाभारत में बहुत से पात्रों का चरित्र-निर्माण परिस्थिति-साक्षेप नहीं था? बहनोई धृतराष्ट्र से बहन गांधारी के परिणय-संबंध का प्रतिशोध लेने के लिए आया शकुनी खलनायक कैसे बन गया? कुंती आखिर तक कैसे परिस्थितियों के वशीभूत होती चली गई? उसका अपना व्यक्तित्व क्या था?

लीला या लीलाधर

स्त्रीभावेन च मे गाढ़म् मनः शान्तमुमापते।
प्रतिश्रुतश्र्व भूतेश त्वया भीष्मपराजयः॥ 10॥

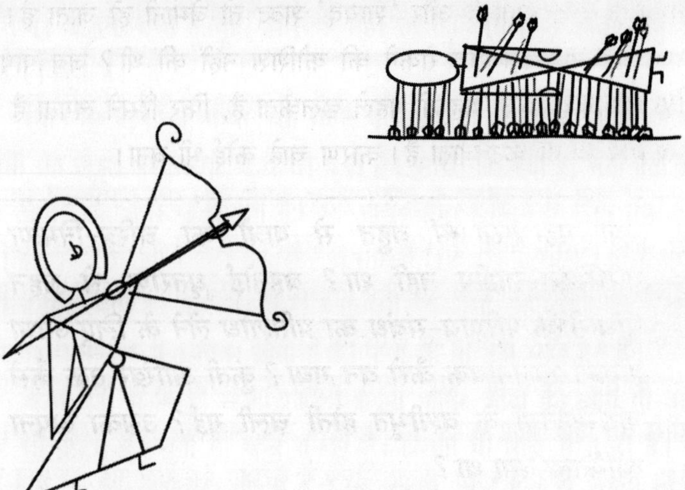

'उमा पते! भूतनाथ! स्त्री रूप होने के कारण मेरा मन बहुत निस्तेज है। इधर आपने मेरे द्वारा भीष्म के पराजित होने का वरदान दिया है'॥ 10॥

—सप्ताशीत्यधिकशततमोऽध्याय, अम्बोपाख्यानपर्व

उद्योगपर्व

घर में बहुत चहल-पहल थी। शादी का सा घर लग रहा था। बहुत देर पश्चात् पाँच बहनों के बाद, लीला के भाई के घर बेटा पैदा हुआ था। लीला ने गुग्गे पीर से मन्नत माँगी थी। अब वह मन्नत पूरी हो गई थी। घर में गुग्गे-पीर का जगराता था। जगराता तो रात को था, परंतु मेहमानों की आवाजाही सारा दिन चलती रही। बेटियों-दोहतियों को तो बुलाना ही था। उनके बिना धर्म-कर्म व दान-पुण्य का काम संपन्न नहीं होता और फिर बुलाने के लिए कोई कारण भी तो होना चाहिए। हमीं लोग बेटियों को ब्याह कर पराई कर देते हैं और फिर उन्हें मेहमान बनाकर औपचारिक निमंत्रण भेजकर आमंत्रित करते हैं। इसी वर्ष लीला की दो बहनों—क्षमा व शीला की बेटियों की शादी हुई। दोनों का भात लीलाधर ने भरा, क्योंकि उसका छोटा भाई मानसिक रूप से थोड़ा कम विकसित था, यानी पूरा-सूरा ही था। दोनों दोहतियाँ छम-छम करतीं सज-धजकर अपने पतियों के साथ पहली बार माँ के मायके आईं।

...“ये लड़के कौन हैं? नए मेहमान लगते हैं।” पड़ोसन ने लड़कों पर आँख टिकाकर पूछा। शायद उसकी बेटी भी जवान हो रही थी और वह ऐसे ही लड़कों की तलाश में थी।

...“एक मेरा दामाद व दूसरा शीला बीबी का। यह आगेवाला मेरा है, देख चाची कितना सोणा ते साऊ है!” लीला ने चमकती आँखों व अपनेपन से पड़ोसन को बताया। लीला उन दोनों लड़कों के चारों ओर मँडराती रही, ताकि उनको कोई उलटी-सीधी बात न सिखा दे।

क्या है लीला का ‘मेरा’? मन अतीत में विचरने लगा। ध्यान चालीस-पचास वर्ष पीछे चला गया। चार बहनों व एक भाई की सबसे बड़ी बहन थी लीला। आठ-दस वर्ष की लीला डोली में बैठकर ससुराल गई। उसका पति पंद्रह-सोलह वर्ष का छरहरे बदन का सुंदर लड़का था। भले ही उसे आज के लड़कों की भाँति पहनना-ओढ़ना नहीं आता था, परंतु उसके नैन-नक्श तीखे व चाल-ढाल में एक पौरुष था। पाँच वर्ष बाद लीला का गौना हो गया। बड़ी बहन, मासी की बेटी पहले से ही ससुराल में जेठानी बनी बैठी थी। गौने की जल्दी उसके पति को नहीं, बल्कि उसकी बहन को थी, क्योंकि वह अपने तीन

बच्चों को देखे या बीमार सास की देखभाल करे? किसानी परिवार था। घर, बाहर व पशुओं का कामकाज ही बहुत हो जाता है और फिर बहुओं के आने पर सासें तो वैसे ही बीमार हो जाती हैं। वे बैठी-बैठी बहुओं की परीक्षा लेती रहती हैं। चार-पाँच वर्ष में कितने दिन लीला ससुराल रही, नहीं याद, लेकिन गली-मोहल्ले व रिश्तेदारों में खुसर-फुसर होने लगी। लीला बनकर ससुराल गई बेटी लीलाधर बनकर मायके लौट आई।

उसके मन पर क्या बीती, यह किसी के लिए जानना आवश्यक न था। न ही उसने किसी के साथ अपना दुःख बाँटा और शायद तब वह अपनी बात कहना जानती भी न थी। कहना नहीं जानती थी, पर महसूस तो करती थी। उस हाड़-मांस के पुतले में भी दिल तो धड़कता था। साल भर ही बीता होगा कि ससुरालवाले अपने बेटे के लिए ढोल-नगाड़ों के साथ लीला की छोटी बहन (क्षमा) को ब्याह कर ले गए। ढोल-नगाड़ों की ध्वनि लीला के दिलो-दिमाग पर चोट करती रही। उसका पति न जाने किस विवशता से उससे दूर होता चला गया। न चाहते हुए व बिना उन दोनों से पूछे ही परिवार या परिस्थितियों ने उन दोनों को अलग-अलग निश्चित कर दिया। उस राह पर चलना एक मजबूरी बन गया। दोनों का प्यार आँखों से ही लौट गया और मन के किसी गहरे अँधेरे कोने में जाकर ठहर गया। 'क्षमा' कभी बड़ी बहन से क्षमा नहीं माँग सकी और न ही लीला ने उसे कभी क्षमा किया। वैसे उन दोनों बहनों की सहमति से तो कुछ हुआ ही नहीं था। किसी से किसी ने कुछ नहीं पूछा। तीनों परिस्थितियों के हाथों के खिलौने बन गए।

उसी घर में लीला की मासी की लड़की ब्याह रखी थी। उसे भी तो बसाना था, इसलिए लीला की छोटी बहन का रिश्ता देना आवश्यक हो गया था। अब लीला मायके में अपनी छोटी भाभी का जेठ बन चुका था। छोटी दोनों बहनें अपने-अपने घरों में अपनी गृहस्थी में खुश थीं। यह संयुक्त-परिवार था। देहाती किसानी संयुक्त परिवार में 'कुँवारे जेठ' या देवर का क्या स्थान होता है और उसे अपने स्थान या अस्तित्व को प्रमाणित करने के लिए क्या-क्या बेलन बेलने पड़ते हैं—यह एक अलग विषय है। 'लीला' तो न ननद थी, न जेठ।

लीला की माँ व बड़ी मासी देवरानी-जेठानी थीं। थोड़ी सी जमीन थी।

खेती–बाड़ी से ही घर का खर्च चलता था। माँ की अपेक्षा घर में मासी की ही चलती थी। खूब हृष्ट-पुष्ट होने के कारण घर–बाहर का सारा बोझ-भार का काम लीला ही करती थी। लीला का पहनावा सलवार–कमीज व सिर पर दुपट्टा स्त्रियों वाला ही था। देखनेवाले को तो केवल उसकी छाती का उभार अपेक्षाकृत कम नजर आता था या थोड़ी सी आवाज भारी थी।

समय के साथ माँ–मासी दोनों चल बसीं और परिवार भी एक न रहा। घर, जमीन–जायदाद का बँटवारा हो गया। लीलाधर घोषित हो चुकी लीला अपने भाई के घर की मुखिया बन गई। अर्थ–विभाग लीला के पास था और वह बड़ी जिम्मेदारी से भाई का घर चला रही थी। पति व बहन कभी मायके आते तो वह बहन का कम व पति का ज्यादा ध्यान रखती। आखिर पहले पति तो उसी का था। चार भँवरे तो उसके साथ लीला ने भी लिये थे। बाद में चाहे वह छोटी बहन के हिस्से में आ गया। पति की बेटी लीला की भी तो बेटी हुई और पति का दामाद लीला का दामाद। उनका सुंदर व 'साऊ' होना स्वाभाविक था। पति सुंदर था व लीला 'साऊ' गाय जैसी। तभी तो सारी उम्र लीला से लीलाधर बनकर मायके में बिता दी। जब वह ब्याही थी, तब तो वह लीला थी, लीलाधर तो वह बाद में बना। शिखंडी भी तो अपने ही कारणों से कभी स्त्री व कभी पुरुष बनता रहा। कभी द्रुपद–कुँवर, कभी काशी कन्या अंबा व फिर भीष्म पितामह से बदला लेने के लिए। लिंग बदल जाने से क्या किसी का अतीत या भावनाएँ बदल जाती हैं ? आज हँसते हुए भी उसकी आँखें नम थीं। उसके पति का 'साऊ' व पति जैसा सुंदर दामाद उसकी दहलीज पर आया है।

शिखंडी बनकर भीष्म पितामह से प्रतिशोध लेकर क्या काशी कन्या अंबा को संतुष्टि मिली ? क्रिया तो बहुत दूर की बात है, परंतु क्या स्त्री प्रतिक्रिया भी नहीं दिखा सकती ?

विभाजित-व्यक्तित्व

सा चाप्युक्त वती वाचं भैक्षवद् भुज्यतामिति।
तस्मादेत दहं मन्ये परं धर्मं द्विजोत्तम॥ 17॥

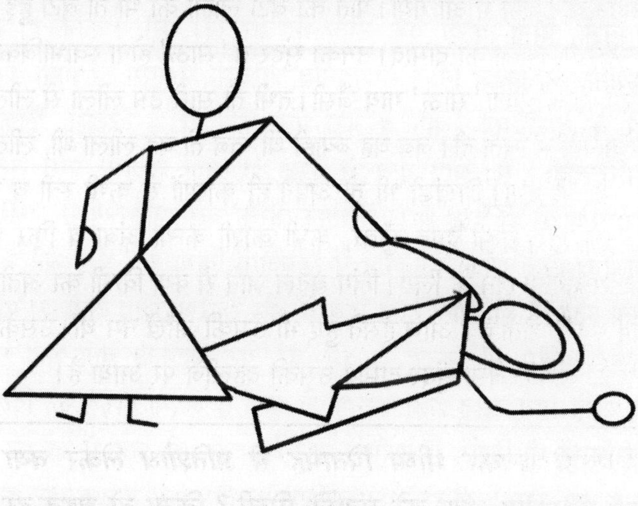

हमारी माता ने भी यही बात कही है कि तुम सब लोग भिक्षा की भाँति इसका उपभोग करो; अतः द्विज श्रेष्ठ! हम पाँचों भाइयों के साथ होनेवाले इस विवाह संबंध को परम धर्म मानते हैं॥ 17॥

—पञ्चनवत्यधिकशततमोऽध्याय, वैवाहिकपर्व

आदिपर्व

बेटे राजू का एक्सीडेंट हो गया व दाईं टाँग टूट गई। भाई की दुर्घटना की बात सुनकर बहन पिंकी अपने पति के साथ भाई का हाल-चाल जानने मायके चली आई। न जाने बेटी ने कैसी मनहूस घड़ी में ससुराल से बाहर कदम रखा था कि फिर लौटकर वह वापस ससुराल न जा सकी।

बेटे की टाँग का इलाज लंबा चला। इसी दौरान बहू मायके चली गई। सास-बहू की तो पहले ही नहीं बनती थी, परंतु पतिनुमा पुरुष मर्द के सहारे वह टिकी हुई थी। वैसे पहले भी छोटी-छोटी बातों का बतंगड़ बनाकर वह मायके चली जाती थी। माँ भूरी ने सोचा कि क्यों न बेटी को कुछ दिन अपने पास रख लूँ! बहू तो टिकती नहीं है।

बेटे की शादी से साल भर पहले भूरी ने बेटी की शादी कर दी थी। सोचा था कि बहू पता नहीं कैसी आए, मैं अपनी बेटी के तो चाव लाड़ खुशी-खुशी, बिना किसी रोक-टोक के कर लूँ। भूरी ने ठीक ही सोचा था, क्योंकि अधिकांश निम्न मध्यवर्गीय परिवारों में ऐसा ही होता है। इस परिवार के दोनों मर्द—बाप व बेटा एक जैसे ही थे—स्थूल, लिजलिजे से, अस्तित्वहीन से। बाप कब से ऐसा था, नहीं मालूम, परंतु बेटा तो किशोरावस्था से ही ऐसा था। खींचतान करके बड़ी मुश्किल से तीसरे दर्जे में दसवीं व फिर होटल मैनेजमेंट में डिप्लोमा किया था। बाप-बेटे में एक समानता और भी थी। दोनों खाते खूब थे और सोने के लिए दोनों को पत्नियाँ भी जरूर चाहिए थीं। कद्दू से बड़े-बड़े पेट लटकाए बाप-बेटा घर में बेकार घूमते रहते, परंतु इन्हीं कारणों से दोनों ने अपना पौरुष खो दिया। वे घर के किसी भी निर्णय में शामिल नहीं थे। भूरी पूरी तरह से घर पर हावी थी। बहू जब-जब हावी होने की कोशिश करती, दोनों में टकराहट होती व वह मायके भाग जाती। मर्द अस्तित्वहीन व औरतों में अस्तित्व की लड़ाई। बस ऐसा ही था यह परिवार।

भूरी को यह बात समझ में आ गई थी कि अब बुढ़ापे में बेटी के सिवा और कोई सहारा नहीं है। माँ-बेटी में ज्यादा बनने लगी। माँ के विस्मृत ससुराल के कड़वे अनुभव बेटी से मेल खाने लगे। दोनों के

दु:खड़े साझे थे। क्या हुआ, अगर बीच में तीस-पैंतीस वर्ष का अंतराल था। बेटी के ब्याहे तीन वर्ष हो चुके थे, परंतु कोई बच्चा नहीं था। पति ने ससुराल में ही किसी स्थानीय अस्पताल में टेस्ट करवाए थे, जिनकी रिपोर्ट बेटी अपने कपड़ों के बैग में ही ले आई थी। सोचा था कि किसी बड़े डॉक्टर को दिखा लेंगे। बेटी पिंकी के ससुराल, बहू के मायके व इस परिवार में सामाजिक व आर्थिक स्तर से कोई बड़ा अंतर न था। बहू के भाई, दामाद व बेटे का शैक्षिक स्तर भी एक जैसा ही था। अंतर केवल इतना था कि पिंकी के माँ-बाप ने रोजगार की तलाश में चलते-चलते शहर के नजदीक एक छोटा सा कच्चा-पक्का मकान बना लिया था। थोड़ा शहरी लोगों जैसा ओढ़ना-पहनना व उनसे बात करने का सलीका व भाषा भी सीख ली थी।

माँ को याद आया कि जब पिंकी अठारह-बीस वर्ष की थी तो वह पीली पड़ गई थी। बीमारी का नाम क्या था, वह तो उसे पता नहीं था, परंतु वह बीमारी भूरी के लिए पिंकी को अपने पास रखने का बहाना बन गई। उस समय बहुत दिनों तक पिंकी को रक्तस्राव होता रहा और उसके एच.बी. का स्तर निम्नतर स्तर तक पहुँच गया था। किसी तरह से वह बच तो गई थी। पिंकी ने अपने ससुराल की कड़वी-मीठी सारी बातें अपनी माँ साझा कीं, जिनमें से माँ ने कड़वी बातों को विस्तार देकर पिंकी के मन में यह बात बिठा दी कि वह बाँझ ही रहेगी, औलाद नहीं जन सकती। इसलिए अब ससुराल में उसका भविष्य पूर्णत: अंधकारमय व नारकीय होगा।

पिंकी बहुत ही विनम्र, माँ की आज्ञाकारी बेटी थी। अनुभवहीन थी, कोई तर्क-वितर्क नहीं करती थी। एक-दो बार पति लेने आया, परंतु माँ ने कोई-न-कोई बहाना बनाकर बेटी को नहीं भेजा। ऐसे ही साल बीत गया। बेटा ठीक हो गया। उसे अपनी पत्नी की जरूरत महसूस होने लगी। माँ के रोकने, डराने-धमकाने के बावजूद भी वह ससुराल की शर्तें मानकर बहू के साथ शहर में अलग कमरा लेकर रहने लगा। सास व बहू के क्षेत्र बिल्कुल भिन्न व साफ हो गए। बेटी का स्थायी रूप से मायके में रहना आवश्यक

हो गया। माँ-बाप बूढ़ा गए थे। उनका ध्यान कौन रखता? कभी-कभी पिंकी को अपने पति की याद आती, परंतु आँखों की नम कोरों से ही लौट जाती। माँ ने उसे कुछ इस तरह से ग्रस लिया था कि स्वयं के विषय में सोचने-समझने का सामर्थ्य उसमें अब शेष नहीं रह गया था। अब उसका पूर्णतः मायकाकरण या माँकरण हो गया था। झूठे-सच्चे आरोप लगाकर पति से उसका तलाक करवा दिया गया व कुछ पैसा भी उनसे ऐंठ लिया था। माँ-बाप ने बेटी के माध्यम से अपना भविष्य सुरक्षित कर लिया।

पिंकी को एक प्राइवेट स्कूल की बस में दस हजार रुपए मासिक पर संरक्षिका की नौकरी मिल गई। दस हजार रुपए उस परिवार के लिए एक बड़ी राशि थी। सभी बहुत खुश थे। पिंकी सुबह जल्दी उठकर माँ-बाप का दोपहर तक का खाना बनाकर चली जाती व ड्यूटी से लौटने पर थोड़ा आराम करके फिर रसोई का काम करती। माँ वैसे तो ठीक थी, पर रसोई का काम करने की उसकी आदत छूट गई थी। सब्जी आदि वह काट-छाँट लिया करती थी। घर की गाड़ी ने अपनी रफ्तार पकड़ ली थी और इसी गति में पिंकी बस के ड्राइवर से जा टकराई। दोनों रोज एक-दूसरे से मिलते व अपने दुःख-सुख साझा करते। ड्राइवर भी विवाहित था। उसका दस-बारह वर्ष का एक बेटा भी था, एक बूढ़ी माँ थी, पत्नी बेटे को छोड़कर किसी के साथ भाग गई थी। शहर में बड़ा घर था, लड़की की अपेक्षा लड़का बड़े घर का अकेला वारिस था। सबकुछ ठीक था। लड़के व लड़के की माँ ने पिंकी के माँ-बाप से इस रिश्ते के लिए बात की, स्कूल के प्रिंसिपल से भी जोर डलवाया, परंतु पिंकी के माता-पिता हजार कोशिशों के बावजूद भी नहीं माने।

दोनों के लिए रविवार या कोई भी छुट्टी वाला दिन एक-दूसरे के बिना काटना मुश्किल हो जाता। ड्राइवर ने कोर्ट मैरिज की भी सलाह दी, परंतु पिंकी में इतनी हिम्मत नहीं थी। दोनों अग्नि को साक्षी माने बिना ही सारी सीमाएँ लाँघ गए, वे हर रोज मिलते। मानसिक, शारीरिक, आर्थिक व भावनात्मक सारी जरूरतें पूरी करते। यह बात पिंकी के माता-पिता जानते थे।

उनको इस बात से कोई आपत्ति भी नहीं थी। पिंकी से सबको अपना-अपना हिस्सा मिल रहा था। वह माँ-बाप का खाना बनाती व घर का सारा खर्च उठाती। शाम को घर लौटकर माँ-बाप का पेट भरती व बिस्तर पर लेट जाती। रात भर ड्राइवर को जीती। वह सोचती, 'चूल्हा तो वहाँ भी सुलगाना पड़ता और यहाँ भी। वह सास का होता और यह माँ का।'

क्या जीवन है पिंकी का? कौन है पिंकी? एक बेटी, परित्यक्ता, बाँझ, प्रेमिका या पत्नी? कभी-कभी लगता कि बेटी से अधिक सजग, अच्छी व समझदार तो बहू थी। वह एक मर्द—पति के साथ रहती है। भले ही उससे लड़ती है, झगड़ती है, पर उसी से प्यार भी कभी करती होगी, परंतु पिंकी का क्या? वह ब्याही किसी और से, रहती किन्हीं और के संग व जीती किसी और को! इतने विभाजित व्यक्तित्व के साथ जीना कितना कठिन होगा!

उसके क्या कारण हैं? कौन जिम्मेदार है? उसे किससे प्रतिशोध लेना चाहिए? वह तो यह भी नहीं जानती। क्या वह अंबा बन पाएगी या द्रौपदी? शायद कुछ भी नहीं।

कोई भी स्त्री अपने अस्तित्व को कैसे कायम कर सकती है? क्या बेटी की परवरिश इस तरह से की जाती है कि उसे किसी भी स्थिति में तोड़ा-मरोड़ा जाया सके? हिमखंडों पर गिरी द्रौपदी या जुए में हारी हुई पांचाली का साथ भी तो किसी ने नहीं दिया। ऐसा क्यों होता है? फिर यह साथ कैसा?

अभिशप्त-पांडु

तस्य कामात्मनो बुद्धिः साक्षात् कालेन मोहिता।
संप्रमथ्येन्द्रियग्रामं प्रणष्टा सह चेतसा॥ 11॥

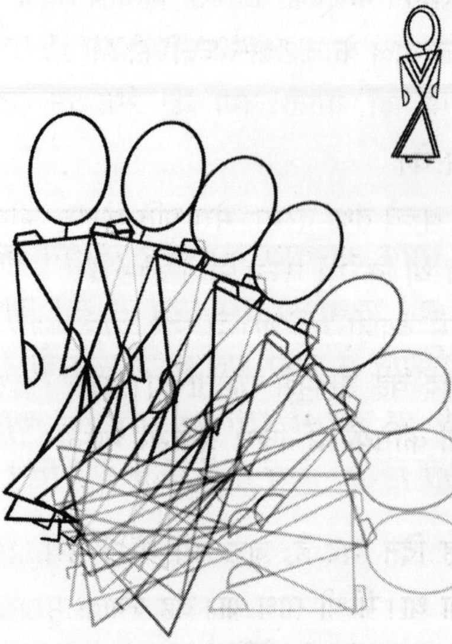

साक्षात् काल ने कामात्मा पांडु की बुद्धि मोह ली थी। उनकी बुद्धि संपूर्ण इंद्रियों को मथकर विचारशक्ति के साथ-साथ स्वयं भी नष्ट हो गई थी॥ 11॥

—चतुर्विंशत्यधिकशततमोऽध्याय, संभवपर्व

आदिपर्व

खंडित तन-मन व हृदय में प्रतिशोध की धधकती ज्वाला लेकर आस्था दो नन्हे-नन्हे बच्चों की उँगलियाँ थामे जहाज में अपनी सीट तलाश रही थी। अपने स्थान की तलाश तो शायद उसकी उम्र भर की विडंबना रही। आस्था बच्चों के लिए या यों कहें कि उन्हीं के माध्यम से जीने के बहाने ढूँढ़ रही थी। मरने के तो उसके पास सौ कारण थे, परंतु जीने का केवल एकमात्र कारण—बच्चे।

सीट पर बैठते ही दोनों बच्चे सो गए और आस्था अपने अतीत की गहन अंधकारमयी गुफाओं में अपनी निजता तलाशने लगी।

सुशिक्षित, पढ़े-लिखे माँ-बाप की बेटी यहाँ तक कैसे पहुँची? कहाँ-किस की गलती थी? 'कहीं जाने-अनजाने में मुझसे ही तो कुछ ऐसा नहीं हो गया, जो मैं विपक्ष के सामने कसूरवार ठहराई गई और आज सभी को—पति को भी छोड़कर इन तीन साल के जुड़वाँ बच्चों को ही अपने जीने का सहारा मान बैठी?'

परिवार में दो पक्ष थे।

एक, मैं और मेरे बच्चे तथा दूसरा, मेरा पति मोहित और उसके माता-पिता। फर्क सिर्फ इतना था कि मेरे बच्चे अभी छोटे थे।

मोहित के साथ मैं ब्याही गई थी। मैं उसे प्यार करती थी। वह मुझे अच्छा लगता था, शायद वह भी मुझे चाहता था। उसका दोहरा चरित्र नहीं था। न ही उसमें वे सभी कमियाँ थीं, जिसे अकसर भारतीय पत्नियाँ पतियों में गिनाया करती हैं।

आज भी मुझे वह दिन याद है, जब मेरी माँ ने उसे सगाई की अँगूठी खरीदने के लिए बुलाया था। मैं भी साथ थी। वह ज्यादा मुखर नहीं था। हमने बड़ी कोशिश करने के बाद उसे एक अँगूठी पसंद करवाई। उसके चेहरे पर एक खुशी थी। अँधेरा हो गया था। पापा ने डिनर बाहर से ही इकट्ठा करने का अनुरोध किया। सोचा कि साथ रहने का कुछ और समय मिल जाएगा। फिर तो उसे मुंबई अपनी नौकरी पर जाना होगा। वह असमंजस में पड़ गया, उसने दुकान से बाहर जाकर दो-तीन बार फोन किया। उसे इतने समय की अनुमति

नहीं थी। शायद गिड़गिड़ाकर वह माँ से मिलने की समय-सीमा बढ़ाने के लिए मिन्नतें माँग रहा था। न जाने किन शर्तों पर अनुमति मिली। वह इस पार्टी को पूरी तरह से एंजॉय नहीं कर सका। मैं कुछ भी नहीं समझ पाई। मेरी माँ को लगा कि कितना अच्छा आज्ञाकारी लड़का है, जो आज भी माँ-बाप को पूछता है। इसे जमाने की हवा नहीं लगी। पचपन-साठ साल के मेरे माता-पिता भी यह न जान पाए कि यह लड़का 'मॉम बॉय' है। मैं तो किस खेत की मूली थी!

नहीं मालूम, ये लड़के पैदा ही ऐसे होते हैं या किसी विशेष प्रक्रिया के अंतर्गत इन्हें ऐसा बनाया जाता है! आज भी उसे ये सभी सुविधाएँ उपलब्ध हैं, जिनका मूल्य उसे अपना बुद्धि-विवेक खोकर चुकाना पड़ा। निर्णय लेने की क्षमता उसकी शून्य को भी पार कर चुकी है। बैठे-बिठाए उसे स्वादिष्ट खाना मिलता, धुले-धुलाए व प्रेस किए हुए कपड़े और साहिबजादा जब ऑफिस से आता तो मौसमानुसार ठंडा या गरम कमरा मिलता। इन सभी में से मैं गायब थी। न जाने क्यों व कैसे दो जुड़वाँ बच्चे पैदा हो गए, जिन्हें वह पैदा करना नहीं चाहता था। माँ रूपी अमरबेल ने छह प्लस खजूर के वृक्ष को ग्रस लिया था, जिसका पैसा रूपी फल माँ अपनी इच्छा से खर्च करती। मेरे भाग्य में तो उसके तने की जरा सी छाया भी न थी। भौतिक सुविधाओं की खातिर मेरा पति एक अभिशप्त पांडु बनकर रह गया, जिसने मुझे भी दाँव पर लगाना चाहा।

मैं तो बिल्कुल उससे अलग थी। खुले वातावरण में पली-बढ़ी, सुशिक्षित, संस्कारी परिवार की राजकुमारी। मैं जो भी निर्णय लेती, मेरे माता-पिता को उस पर गर्व होता और उन्हें विश्वास होता कि हमारी बेटी गलत निर्णय ले ही नहीं सकती। समय से सभी कुछ हुआ। एम.बी.ए. के परिणाम के एक महीने बाद ही मेरी शादी हो गई। यह राजकुमार तो मेरे पिता ने पहले ही ढूँढ़ रखा था। एक विश्वास था कि माँ-बाप कभी भी बच्चों का बुरा नहीं सोचते। आज भी इसी विश्वास पर जीवित हूँ। शादी को पाँच वर्ष होने को आए। पति की कुंठित बुद्धि निर्णय ले पाने की अक्षमता व सास की असुरक्षा की भावना ने मेरा जीवन नारकीय बना दिया।

आज मैं अपने पति की नहीं, बच्चों के बाप की तलाश में निकली हूँ।

उन्हीं लोगों के साथ जा रही हूँ, जो पीढ़ियों के विस्थापन का दंश व असुरक्षा का भाव झेल रहे हैं। जहाँ जरा सी छाँव व दो जून की रोटी मयस्सर होती हो, वहीं डेरा जमा लेते। विरासत में कुछ भी नहीं मिला—न संस्कार, न पैर जमाने के लिए धरती। मुझे नहीं पता मेरे सभी गुणों को, वह औरत मेरे पति के सामने अवगुण बनाकर कैसे पेश करती रही? मुझे समय ही नहीं दिया गया कि मैं अपना पक्ष रख पाती। कोर्ट-कचहरी, बिना किसी दलील-वकील के मुझे मुजरिम साबित कर दिया गया।

अब मुझे नहीं पता रास्ता किधर को जाता है या मुझे कहाँ जाना है? पर यह बात निश्चित है कि मुझे कर्ण के लिए कुंती नहीं बनना है। मुझे तो युद्ध क्षेत्र से पहले ही पिता से बच्चों का परिचय करवाना है। मैं नहीं चाहती कि कल को मेरे बच्चे मुझसे पूछें कि माँ! पापा आपसे क्यों बात नहीं करते? क्यों आपके कमरे में नहीं सोते? दादी के कमरे में क्यों सोते हैं?

विस्थापन व असुरक्षा की भावना से न मैं स्वयं और न ही अपने बच्चों को संक्रमित होने देना चाहती हूँ। मैं चाहती हूँ कि वे अपने जीवन के निर्णय लेने में सक्षम हों। उन्हें आधार दूँगी, रोज के षड्यंत्रों के समाधान ढूँढूँगी। पाँव जमाने के लिए जमीन दूँगी, उड़ने के लिए पंख दूँगी। केवल स्थिति होगी, निर्णय उनके होंगे। खुला आसमान होगा। मैं वह डायन नहीं बनना चाहती, जिसकी छाया ही अपनों को ग्रस लेती है। उसने मेरा ही नहीं, अपने पुत्र का भी सर्वस्व ग्रस लिया। मैं अभिशप्त पांडु पीढ़ी को यही विराम देना चाहती हूँ, ताकि कल को अपने ही कुरुक्षेत्र में धनुष पर कमाने खींचते नजर न आएँ। वह अपंग कुरुवंशी अपनी जन्मदात्री के बिना आज भी एक कदम नहीं चल पा रहा। बच्चे बड़े हो गए। बाप ने बच्चों को सुविधाएँ दीं और उसके पास देने को शेष था ही कुछ नहीं। जब मुझे पति व बच्चों को बाप चाहिए था, तब वह माँ के आँचल में मुँह छिपाए बैठा था।

अब माँ नहीं रही। उसकी किसी को जरूरत नहीं। कापुरुष, अनाथ, अभिशप्त पांडु का मकान घर नहीं, एक धर्मशाला है, जहाँ से सभी को एक-एक करके विदा होना है। मेरा भी जाने का समय आ गया। मैं क्या-क्या याद

करूँ और क्या-क्या भूल जाऊँ? हाँ, मैंने पांडु-सीढ़ी का एक डंडा तोड़ दिया। मेरे बच्चों में किसी भी स्थिति में स्वयं निर्णय लेने की क्षमता पैदा हो गई है। इसके लिए मैंने एक जन्म दाँव पर लगा दिया। यही मेरी उपलब्धि व संक्षिप्त परिचय है।

पांडु को मिले अभिशाप में कुंती या माद्री की क्या भूमिका थी? सास और बहू परिवार के दो स्तंभों में टकराहट का क्या कारण है? इसमें पिसता कौन है? पिता या पुत्र संबंधों में संतुलन क्यों नहीं बना पाते? कुंती का अपने बेटों को दिया गया आशीर्वाद कहीं 'पांचाली' को टुकड़ों में तो नहीं बाँट गया?

लेखिका-परिचय

डॉ. सत्यभामा का जन्म पंजाब के एक छोटे से गाँव साकेतड़ी में 16 जुलाई, 1956 में हुआ, जो अब हरियाणा के पंचकूला जिले में स्थित है। परिवार शिक्षित, आध्यात्मिक, किसानी व बड़ा था, जहाँ पर अक्सर बुआ, मामा, मासियों के बच्चों का आना-जाना लगा रहता था।

घर के दामाद के सिवाय किसी की विशेष आवभगत नहीं होती थी। बड़े चूल्हे व तवे पर रोटियाँ बनतीं व सभी मिल-बाँटकर खा लेते। सभी बच्चों की गरमी की छुट्टियाँ आम के पेड़ों के नीचे बीत जातीं। लगभग सौ वर्ष पहले जन्मी उनकी माँ संस्कृत के शुद्ध उच्चारण के साथ गीता का सुस्वर पाठ कर लेती व पिताजी दिल्ली यूनिवर्सिटी से आयुर्वेदाचार्य थे। अमीरी-गरीबी की कोई सीमा-रेखा नहीं थी और न ही अहसास था। बड़ों की तख्तियों, किताबों व कपड़ों से ही छोटे पढ़ लेते, पल जाते और बड़े भी छोटों की बची-खुची जूठन बड़े प्यार से खा लेते। खेतों में काम करने के लिए नौकर नहीं, साझी हुआ करता था, जो बहुत अपना सा लगता था। सुख-दुःख का साझीदार और मजाल कोई एक बच्चा भी एक शब्द उनकी शान के खिलाफ बोल जाता! पारिवारिक वातावरण प्राकृतिक व धरती से जुड़ा हुआ, मिट्टी की सौंधी महक लिये ग्रामीण परिवेश था।

सत्यभामा परिवार में छोटों में ही आती थी। सत्यभामा ने पंजाब विश्वविद्यालय चंडीगढ़ से हिंदी विषय में एम.ए. व डॉ. वीरेंद्र मेहंदीरत्ताजी के निर्देशन में पी-एच.डी. की। बीस वर्ष तक पढ़ने के लिए सत्यभामा गाँव से चंडीगढ़ साइकिल से आती-जाती रहीं। पिता द्वारा दिए गए पाँच रुपए तब

तक डायरी में सुरक्षित रहते, जब तक साइकिल में कोई खराबी नहीं आ जाती। वास्तव में झील के उस पार शिवालिक पहाड़ियों की जड़ों में बसा छोटा सा गाँव बहुत समय तक चंडीगढ़ की सड़कों पर साइकिल से घूमता रहा व सोचता रहा कि गाँव व शहर में क्या अंतर है? बहुत सोच-विचार करने पर यही निष्कर्ष निकला कि सभी के सुख-दुःख व संवेदनाएँ तो एक जैसी ही हैं, केवल भौतिक सुविधाओं का अंतर है। कहीं ज्यादा, कहीं कम। 'महाभारत रिसता है' कहानी-संग्रह की कहानियों की पृष्ठभूमि भले ही गाँव की है, परंतु समस्याएँ सभी की साझी हैं। ये समस्याएँ आज ही पैदा नहीं हुईं, महाभारत कालीन हैं।

जहाँ तक साहित्यिक लेखन का प्रश्न है, पारिवारिक माहौल पढ़ने-लिखने का तो था, परंतु लिखे को सँभालकर रखने का या छपवाने का कतई नहीं था। लिखना केवल संवेदनाओं का गले तक भर जाने के बाद निष्कृत का साधन था। समझ केवल भावनाओं को कागज पर उड़ेल देने व फारिग हो जाने तक ही सीमित थी।

जो भी लिखा, उसे तब तक दोहराते रहे, जब तक याद नहीं हो गया। बहुत समय तक हर मिलनेवाले को सुनाते रहे, खुश होते रहे। बस इतना। सत्यभामाजी ने पैंतीस वर्ष तक हरियाणा शिक्षा विभाग में कार्यरत रहते हुए ज्वलंत समस्याओं पर एकांकी लिखे व विद्यार्थियों से विभिन्न मंचों पर अभिनीत करवाए। धीरे-धीरे संपादकीय जागृति आई और 'पुष्पगंधा' व 'सियासत' आदि पत्रिकाओं में लेख, कविताएँ, कहानियाँ व आलोचनाएँ छपीं। मनोवैज्ञानिक दृष्टि से 'मोहन राकेश के नाटकों में पात्र सृष्टि' व 1947 के विभाजनोपरांत विभाजन के संदर्भ में 'पंजाब का हिंदी नाट्य साहित्य' विषय पर विस्तृत अध्ययन व शोध-प्रबंध लिखा। सन् 2018 में 'मैं कबीरा नहीं' काव्य-संग्रह प्रकाशित हुआ। अब 'महाभारत रिसता है' कहानी-संग्रह आपके समक्ष है और दो रचनाएँ 'विस्मृत नाट्य कृतियाँ' व काव्य-संग्रह 'जुलाहे की उधेड़बुन' प्रकाशनाधीन हैं। लेखिका स्वयं को अध्यापन व लेखन में ही व्यस्त रखती हैं।